豊臣秀吉

Toyotomi
Hideyoshi

丰臣秀吉
Toyotomi Hideyoshi

皮波人物国际名人研究中心 编著

国际文化出版公司

·北京·

图书在版编目（CIP）数据

丰臣秀吉/皮波人物国际名人研究中心编著. --北京：国际文化出版公司，2012.10（2024.2重印）
（名人传记丛书）
ISBN 978-7-5125-0392-2

Ⅰ.①丰… Ⅱ.①皮… Ⅲ.①丰臣秀吉（1536～1598）—传记 Ⅳ.①K833.135.2

中国版本图书馆CIP数据核字（2012）第145612号

丰臣秀吉

作　　者	皮波人物国际名人研究中心　编著
责任编辑	郑湫璐　宋亚晅
统筹监制	葛宏峰　刘　毅　任立雍
策划编辑	胡雪虎
美术编辑	丁鍷煜
出版发行	国际文化出版公司
经　　销	国文润华文化传媒（北京）有限责任公司
印　　刷	北京一鑫印务有限责任公司
开　　本	700毫米×1000毫米　　　16开
	8.5印张　　　　　　　　84千字
版　　次	2012年10月第1版
	2024年2月第3次印刷
书　　号	ISBN 978-7-5125-0392-2
定　　价	32.00元

国际文化出版公司
北京市朝阳区东土城路乙9号　　　　邮编：100013
总编室：（010）64270995　　　　传真：（010）64270995
销售热线：（010）64271187
传真：（010）64271187-800
E-mail：icpc@95777.sina.net

目录

目录

目录

流浪岁月

出身农家

　　1536 年旧历二月六日，家家户户屋檐上挂着冰柱。在这个寒冬的日子里，尾张国爱知县中村一个贫农的茅屋内诞生了日后在日本历史上将大放光芒的日吉丸。中村是个只有五六十户人家的村庄。日吉丸出生时体重很轻，不及普通婴儿的一半重。他初来这个世界时，没有哇哇哭叫，反倒像个老仙人从百年长眠中醒来似的，打了个大哈欠。

　　日吉丸的父亲名叫木下弥右卫门，年轻时曾投效织田备后守信秀（备后守是日本的官职名），被分发在步卒队的火枪队中，是个地位卑贱的普通士兵。织田信秀是个勇武的大将，曾打败了名古屋城主今川左马助氏丰，取代信秀的是他年仅两岁的儿子吉法师。吉法师就是以后的织田信长。

　　木下弥右卫门在织田与今川的作战中立下了汗马功劳，但不幸的是，他的大腿被枪刺伤，成了一个跛子。他只好放弃了名利之心，回到乡村中。后来娶了一位名叫大政所的姑娘，生下了日吉丸，也就是以后的丰臣秀吉。日吉丸是他们的第二个孩子，他上面还有一个大他四岁的姐姐。

　　当时，统治日本京都的室町幕府已势渐衰微，各地陆续出现了野心勃勃的武将，战争不断。日吉丸就出生在这个战火遍野的时代。日吉丸在很小的时候，几乎天天能见到勇赴疆场的武士或者是落荒而逃的败兵。他的父亲也常常讲些战争故事给他听。7岁的时候，日吉丸就偷偷拿出父亲的刀，自己当大将军，指挥年纪比他还大的少年。他总是沉迷于类似的战争游戏之中，一点也不帮家里的忙，成为村子里最不受欢迎的顽童，人们甚至说他上辈子一定是个猴子。

　　日吉丸确实有一副异于常人的长相，额头上有两条深深的皱纹，双眼突出，目光锐利。可是一旦他莞尔一笑，任何人都会情不自禁地跟着微笑，可以说他的个性具有开朗近人的魅力。日吉丸8岁的时候父亲去世了，家境更加贫穷了。他的母亲大政所天不亮就起床耕作，晚上则在家里纺纱，编织草鞋，做到深夜才休息。虽然如此勤劳，但是单靠女人家的一双手似乎很难克服贫穷。

　　日吉丸的姐姐是个懂事的女孩子，她总是勤快地帮母亲的忙。可是日吉丸却依然我行我素，天天热衷于战争游戏，只有吃饭或睡觉的时间在家。大政所为了减轻家里的负担，终于决心让日吉丸到村郊山上的古寺——光明寺出家当和尚。

　　眼见母亲流泪恳求主持，日吉丸在心里默默发誓要做一个好和尚。从那天起，日吉丸开始勤奋工作。主持见日吉丸头脑灵活，讨人喜爱，一点也不像村里人说的那么调皮，所以非常疼爱他。可是不到一年，日吉丸就觉得当和尚没什么意思了，因为寺里的生活枯燥无味，将来也没什么希望。

于是当主持到各村庄化缘的时候，日吉丸就把之前藏匿的木刀拿出来，佩在腰上，并大声喊道："你们快出来吧！"在山麓等待着的玩伴，立刻一拥而上。刹那间，寺内外就成了这一群顽童的天下。钟楼里的钟乱响，殿堂里瓦石纷飞、佛坛翻倒。

丰臣秀吉的画像

虽然如此，和蔼的主持总是摇头苦笑忍耐过去了。但是有一天，主持化缘回来，看见正殿内那个具有数百年历史的传寺之宝大香炉成了一堆碎片，不禁大为震怒。忍无可忍之下，第二天日吉丸就被送回家去了。

母亲开始让日吉丸学习做生意。先是把他送到村里的染布店，但不到一个月就被人家辞掉了。后来还当过泥瓦匠和打铁匠，也在马市卖过便当。不过，无论日吉丸在哪里工作，总没有超过三个月的。最后，日吉丸到清洲城商店街的一家碗具店做杂役。为了让母亲安心，日吉丸决定这次至少要忍耐几年。

可是刚工作了不到两个月，日吉丸的老毛病又犯了。在熟悉了店务之后，一天下午，日吉丸被派到船上去领取刚刚运到的货物。他推着满载陶器的车子,来到清洲的护城河边,眼前高高矗立的城楼让他不知不觉停住了脚步。望着金碧辉煌的楼阁,日吉丸不禁在心里告诉自己:"住在城里的领主是人,我也是人,只要努力,再加上运气,我一定能做一城之主。"

野心勃勃的日吉丸反复地想:"如何努力才能出人头地呢?"他一边想着这个问题,一边推着车子走,心里在不断地念着:"等着瞧吧,将来我一定……"

"臭小子!放肆!"一声怒喝,使日吉丸从幻想中清醒过来。但为时已晚,他的手推车撞到了一个武士。

"瞎眼的矮子!"武士一脚踢向日吉丸的腰部,他连车带人翻倒在地。车上的陶器被摔得粉碎。日吉丸不顾滴着鲜血的手掌,只是瞪眼望着阔步而去的武士的背影,心想:"能让这样的武士跪在我面前吗?"

日吉丸回过头看了一眼地面上散乱的破碎陶器,心想:"不管我如何忍耐学,我到底也不是做生意的料,还是算了吧!"于是,他撇下翻倒了的手推车,头也不回地离开了。

立志做一名武士

"这次,日吉丸能耐着性子工作了。"当天晚上,中村的木下家中,一对母女在炉边辛勤地工作着。

"真的，毕竟是城里最大的店铺，弟弟应该会认真地努力工作吧。"正当两人在聊着的时候，昏暗的院子内，有人不声不响地进来了。

"是谁啊？"大政所问道，但是没有人回答。来人站在门外不动，是不想上来的样子。

"是不是日吉丸？"

"嗯……"

"你怎么在这个时候回来了？"

"母亲，我不做了。"

"唉呀！你又……"

"不！这次不同，这次不是他们不要我，而是我自己决定不干的。"

"那是为什么呢？不管怎样，先进来吧。"

"不，不进去了，我马上就要走。"

"你能到哪里去呢？日吉丸！"

"还没决定到哪里，不过我决定去做武士。我一定要做个藩侯给人看！"

"日吉丸！你疯了吗？"

"我没有疯。母亲，请等着我。总有一天，我会成为堂堂的武士，到时候一定会回来接您。"

"……"

母亲抑制住了心中的悲伤，凝视着儿子的脸。

过了好一会儿，母亲似乎想通了。她强忍住眼泪，温柔地对日吉丸说：

"去吧，日吉丸，走你自己喜欢走的路。"

"谢谢，母亲。"日吉丸的眼里也充满了泪水。

"那么，母亲、姐姐，我走了……"日吉丸像是要把母亲与姐姐的姿容铭刻于心般凝视她们，徐徐退到门口。

"等一下……"大政所叫了一声，然后急忙跑到里边，抱了一把刀出来。

"日吉丸，这把刀是木下家代代相传的护守刀，你拿去吧。"

"嗯。"

日吉丸愁眉一展，露出了一丝笑容，接下刀插在腰间。

"母亲，那我走了。"

"要保重……做事要多考虑，千万别惹是生非，让人讨厌。……做人要正直。"

无论到哪里，无论做什么事情，他总是被大人斥责的顽童，所以母亲不放心地嘱咐着。日吉丸终于走出了家门。那是一个下霜的寒夜，天空中看不到月亮，只有星星冷冷地闪烁着。日吉丸迈开大步，昂然前进。两年后，日吉丸在矢作川大桥上偶然遇见了蜂须贺小六。

初识蜂须贺小六

尾张国境内有一条水势湍急的矢作川。1550年夏天的一个深夜，在横跨这条河流的大桥上，有一群野武士（在乡野的无主武士）正在铠甲铿锵声中步伐整齐地行走着。裸露的枪尖在明亮的月光下，闪烁着阴森森的光芒。脚步声中隐藏着杀气，就像是刚从激战中退出，飘散着血腥气味。

领头的野武士走到桥中间时，看见一个人盖着草席，四肢伸得长长的，躺在桥的正中央，大喝了一声："叫花子，闪开！"然后，"刷"的一声，枪柄向他撞去。

说时迟那时快，只见那个躺着的人忽地掀开草席，翻身而起，紧紧握住了枪杆。

"放肆！"看似乞丐的家伙呵斥着来者。

"什么！一个乞丐妨碍武士行走还敢骂人？"野武士震怒，想奋力夺枪时却忽然愣住了。

"你还是小孩子吗？"然后又仔细地看了他一眼。

躲枪时矫捷的身手，慑人的叱喝声，让人觉得他是伪装乞丐的武士。但在月光下可以清楚地看见，抓枪杆的是个年纪不过十四五岁的少年。他身上虽穿着脏兮兮的白布衣，裤脚衣袖与他的身材相比短了很多，但手脚都有护套，腰插一把短刀，显然不是乞丐。野武士一是惊讶对方竟是一个少年，一是惊异少年炯炯有神的眼睛。

"小子！你不怕我们吗？"

"一点也不怕。"少年回答得很快。

"为什么？"

"你们是人，我也是人。"

"哦,说话倒蛮有趣。可是这把枪一撞过去,你就没命了。"

"我会躲开的。"

"躲得开吗?"

"试试看。"

"好大胆的小子。"野武士不禁赞叹少年的勇气。

"叔叔也许在蜂须贺村是有势力的乡绅,但野武士毕竟是野武士。我想侍奉的领主将来必会成藩侯的真正武士。"

蜂须贺小六似乎挨了当头棒喝。小六虽然是名震海东郡的乡绅,却不是藩侯属下的武士,只是小六颇有野心,又是地方上有名的人物,得以号召 300 多名农民,经常锻炼武艺和演练战术。他屡次围剿附近的强盗,就是想以实战作为训练,以备有朝一日为藩侯效命时建立战功,扬名天下。

"好! 不用当我的部下,一起来吧。"

"那就跟你走吧。"日吉丸抬头望望天空,高举双手伸了个懒腰。高挂天空的月亮,好像也凝视着他,希望他能成为一名盖世英豪。

贺小六的考验

几天之后,日吉丸被小六呼唤了:"猴子!"

"到! "日吉丸马上跑向书房。小六站在平台上,凝望着石墙外的山麓地带。

"是叫我吗？"日吉丸跪着问。

"是的。猴子，护城河边站着一个虚无僧，头上戴着大笠，形迹很可疑，你去试探一下。"

"好的。"日吉丸马上站起来。

"等一下，你试探时决不能用质问的态度对待那个人。"

"是的。"日吉丸莞尔一笑，他并不直接去虚无僧伫立的护城河边，而是绕远路，从后门出去了。不久，日吉丸出现在虚无僧后面的路上，好像要回庄邸的样子。

站在护城河边树下的虚无僧，手拿着尺八（一种类似中国的箫的乐器），凝望着水面。他满脸胡须，手脚黝黑，穿着脏兮兮的灰衣，有点像个乞丐。

日吉丸随便地打了个招呼，"叔叔，是不是肚子饿了？"

虚无僧凝视着这个貌相奇异的少年，答道："不……看看护城河里的水而已。"

"叔叔，让我来猜猜你在想什么事情好吗？你是不是在想这条护城河已经有十多年没清理了，里面的泥土一定堆积得很厚，如果有敌人来攻打的话，肯定不能发挥防卫效果，是不是？"虚无僧一听，脸上不自觉地出现了惊讶的神色，显然这个少年猜中了他的心事。

"孩子，你是这个庄邸内的佣人吗？"

"不，不是佣人。我是食客。"

"哦，这是怎么一回事呢？"

"我决心不做野武士的手下。要做就要做一个能称霸天下的英雄的手下。"

"哦！"虚无僧把日吉丸上下端详一番。

"你一定是个武士吧。"日吉丸肯定地说，虚无僧更为惊讶。

"你怎么知道我是武士的？"

"这是很容易看出来的。虽然你故意把手脚弄脏了，但是耳朵却很干净；虽然皮肤晒黑了，但手指缝却白白的，可见你刚乔装虚无僧不久。还有，你的胸膛稍斜、两脚分开站立的姿势，是准备随时躲避暗箭来袭的。普通的虚无僧凝望水面时，只是稍稍低下头而已。"

"哦，好准确的眼力！我深入敌境数十里来到此地，从没被人识破……"虚无僧真心赞叹说。

"请问您有何贵干？"

"我名叫难波内记，是美浓国领主斋藤道三秀龙的家臣。我奉命秘密拜会蜂须贺小六殿（"殿"是武士间的敬称），有要事需要面谈。能否请你转达小六殿？"

"啊，好的。"日吉丸首肯之后，马上跑回去。小六正在书房内看书。

"头领，那个虚无僧是美浓领主斋藤道三秀龙的密使。"

"什么？你怎样知道的？"小六诧异地紧蹙眉头。

"那个虚无僧自己说的，所以一定不会出错的。"

"对你这样的小孩，竟然吐露自己的秘密身份，真是愚蠢的人。好吧，总要见个面，你带他过来吧。"

"是。"日吉丸再一次跑向护城河边去了。

美浓国的斋藤道三秀龙是当地最有势力的藩侯。40 年前，小六的父亲正利为蜂须贺家的当家主人时，一天夜里发现护城河边有一个病倒的路人，好像是正做武术修行的潦倒武士。正利是个心地善良的人，不但把他抬进邸内，还请医生为他看病。10 天以后，他痊愈要离开时，正利还给了他旅费。武士在辞别时说："有朝一日若能得志而成为一国之主，必定报答厚恩。"

这位武士就是斋藤道三秀龙，成为美浓国领主的秀龙，未曾忘记昔日之恩，每年送米和武器给蜂须贺家，已经连续送了 5 年。听说秀龙派密使前来，小六也猜不透究竟为了什么事。一见日吉丸带着虚无僧到庭院里来，小六立刻从书房的平台走下来迎接。

"在下是蜂须贺小六正胜。"

"在下是秀龙家臣难波内记。"两人郑重有礼地打了招呼。

"猴子，绝对不要让外人进入树林内。"

小六郑重地交代日吉丸后，带着难波内记进入庭院后面的树林。林中的蜂须贺小六与难波内记做了什么密谈，日吉丸并不知道。他在林外一边放哨一边重复琢磨平日里独自思考的事情。

"我出生于贫穷卑微的农民家庭，不能依赖家世而求得功名。藩侯之子可以继承藩侯，我呢？不努力的话，连武士都做不成。更糟糕的是，出生在这种不打仗立功就不能出人头地的乱世，我却体小力弱，很难在战场中建立功勋，学剑道也不易进步。不学无术，而且相貌怪异，到底我能做什么呢？是的，我能做的，就是不论做什么都认真。是的，无论什么工作，只有一心一意努力地做，只有这样才能成功。"

在最初离家后的两年里，日吉丸流浪诸国，备尝艰辛。他现在已经是一个有坚强决心的少年，而不是之前那个到处工作到处被逐的顽童了。日吉丸仰望高耸入云的松杉树，小鸟正在婉转鸣叫。再往上看，只见广阔湛蓝的天空中没有一片云彩。

他边想边眯着眼睛望着天空的时候，小六从林里出来了。小六的神情非常愉快，两眼炯炯有神。

再次流浪

第二天，小六突然召集家中数十名头领召开秘密会议，当天晚上，蜂须贺家中工于谋略或武艺高强的人陆续离开。日吉丸判断，小六必定与乔装虚无僧的密使达成了什么协议。

3天后，日吉丸也被小六召唤。"日吉丸。"小六郑重地凝视着他说："我觉得你很聪明，所以有要事相托。不知道你肯不肯到美浓国一趟？"

"请问是什么样的差使？"

"告诉你实情吧，美浓的斋藤道三秀龙和他的长子义龙之间非常不和。"

"是亲父子吗？"

"是的。战争年代骨肉相残的事情，我们早已经习以为常了。"

"真令人厌恶。"

"继续听我说。长子义龙从小就不受父亲秀龙喜爱，所以义龙越大越恨父亲。现在义龙已继承为岐阜稻叶山城的领主，他的父亲秀龙则隐居于长良川对岸的鹭山城。从此以后，他们父子二人之间有如仇敌，义龙再也不听父亲的话。秀龙决定废黜嫡子义龙，立次子孙四郎为稻叶山的领主。"

"就为了这样的一件事，秀龙指派难波内记为密使来您这里，是吗？"

"是的。我蜂须贺家每年都接受秀龙的馈赠。这次他专门来求助，我实在无法拒绝。所以我和来使已经约定，由我们潜入岐阜市街放火，等到城内一片火海的时候，秀龙即可越渡良川，一举攻下城池。怎么样，日吉丸？这是你立功的好机会。你还是小孩子，不容易被怀疑，就由你潜入稻叶山城内，一见城外市街起火，你就在城内纵火。完成这一重大任务的话，15岁的你，立刻会被任用为堂堂武士！要不要试试看？"

日吉丸低下头陷入沉思中。抬头时，眼里含着毅然的神采回答说："恕难从命。"他断然拒绝了。

"为什么？难道是你不敢潜入敌方城内吗？"

"不，我一点也不怕。"

"那么……不想立功成为武士吗？"

"不，我很想早日成为武士。"

"那你为什么拒绝呢？"

"因为这个战争不正当。"

"猴子！不要信口胡说。"

"不，父子相残，无论谁胜，都会后患无穷。人民心中再也不会尊敬君主，而不被人民尊敬的藩侯一定会被灭亡。一国或一城之主必须以身作则，做臣民的模范。自古以来，有没有子杀父或父杀子而兴盛的例子呢？"

听到这番义正词严的话，小六哑口无言。

"我不想为了做武士，而屈就于不为臣民尊敬的君主。"日吉丸陈述己见之后站了起来。

"等一下，日吉！无论如何也不肯吗？"

"小六样，您想必还记得，我来贵邸前曾经言明不做家臣吧。"

"嗯……"

"您的恩情，我终生难忘！既然拒绝了您所托之事，不应该再打扰您了，就此告辞。"

日吉丸退到平台，跳下庭院后，头也不回地疾行而去。

"等等，日吉。"待小六慌慌张张追出来时，日吉丸已走远了。

小六很钦佩日吉丸光明磊落的态度，一点也不生他的气。

心想，这孩子实非泛泛之辈，将来一定会名扬天下。小六感慨地凝视着逐渐远去的日吉丸的背影。

知遇之恩

1550 年的那一年冬天特别寒冷，很难想象只穿了一件长棉袍的日吉丸是怎样在严寒中流浪诸国的。第二年就是1551 年了。当时的日本群雄对峙：甲斐（山梨县）有武田信玄，越后（新潟县）有上杉谦信，骏河（静冈县）有今川义元，小田原（神奈川县）有北条氏康，尾张（爱知县）有织田信长。他们都在厉兵秣马，养精蓄锐，可以说战火一触即发。

各诸侯中尾张国的松平不幸战败，投降今川，所以少年领主竹千代（后来的德川家康）被送往骏河，做今川义元的人质。当时，今川义元在群雄中的势力最强，随时可能上京都，取代幕府的足利将军，以掌握天下霸权。

日吉丸流浪诸国时，已经暗中观察到当时的天下形势。过年后，桃花初绽的时节，在滨松的一条道路上，时运不济的日吉丸正沿街叫卖。"针啊——京都的缝针啊——"

道路两边有排列整齐的松树，连绵的田地里，有青青的小麦，有开黄花的芥菜、萝卜等。有一位衣饰华丽带着随从的武士，骑着马过来。当他与日吉丸迎面而过时，注视着日吉丸的脸，不知想到什么，忽然勒住马缰叫道："卖针的。"

被叫到的日吉丸，郑重地低头行礼说："谢谢，是否需要修补铠甲的粗针？"

"不买针。只是见到你长得有趣，所以叫了一下。"

"哦，原来是这样。"日吉丸有些失望。

长久以来，日吉丸到处被人嘲笑，被说成是丑小子、猴面小子等。他憋了一肚子的气，很想怒骂武士一顿："不要开玩笑了，去你的！"

但是他忍住没说。

"卖针的。"

"是。"

"几岁了？"

"16 岁。"

"你的长相很特别，依我看将来会成为大人物。你不是商人或农夫之子吧。"

"家父叫木下弥右卫门，曾在织田样手下做武士。"

"哦，你不想一辈子卖针为生吧。"

"是的。"

"那就跟我来吧。"

武士说完后，策马前奔。日吉丸毫不犹豫地丢掉了针包，跟在武士后面跑。日吉丸很兴奋。因为他的猴面异相而赏识他的，首先是蜂须贺小六，其次是刚才的这位武士。这位武士名叫松下嘉兵卫，是今川义元的旗本，地位较高，也是天龙川边，驿站马达领地的地方官，并管辖邻近几个村，权力很大，其职位就像后来的警事厅长。

日吉丸喘着气，跟在武士及随从的后面，来到面对大川的官邸门前。跳下马的松下嘉兵卫，回头看了看日吉丸，微笑着问："你在这儿工作，想先做什么？"

"府上最低的职位是什么？"

"好像是马厩夫吧……"

"那就做马厩夫。"

"好吧。"

嘉兵卫命令他的随从带日吉丸到马厩。于是，日吉丸开始在武士家做事。原来的马厩夫有两个，见到新人日吉丸来了，以一副老资格的身份颐指气使，下令道："喂，小家伙。每天早上，等我们从马厩带马出去之后，你要立刻把马厩打扫干净，把马粪拉出去丢掉。"

第二天起，日吉丸先是一个人清除马粪，然后提水砍柴，清扫门庭。无论是多么辛苦的工作，他都卖力地去做。日吉丸虽然如此努力，但是很不幸，没有人疼惜他。因为他清澈的双眸带有智慧的眼光，常使得小心眼又善嫉妒的佣仆和士兵感到很不自在。

"那个新来的家伙好像很认真工作，其实为人刁钻。"

"他心里好像很瞧不起我们。"

这一类的批评越来越多。可是，日吉丸一直咬着牙忍耐。只有主人松下嘉兵卫，每次见到他就关切地招呼，使他倍感欣慰。每天早晨和下午观看年轻武士们练武，晚上蹲在庭院里聆听嘉兵卫对家臣们讲解兵书，是日吉丸的最大乐趣。两年过去了，日吉丸仍然是马厩夫，也依然被其他佣仆颐指气使。但是，使日吉丸扬眉吐气的日子终于来临。

剑道名家疋田小伯周游列国做武术修行途中，来访松下邸时发生了一件事。小伯是当时被誉为日本第一剑道家的上泉伊势守秀纲的外甥。所以，当小伯率领13名手下来到的时候，邸内年轻武士都雀跃欣喜，只是苦了日吉丸。照料马匹、搬运行李、清扫宿舍、洗濯衣物，以及做杂差等，都由日吉丸一手包办。所以四五天以后，日吉丸已经精疲力尽了。夏夜苦短，何况这几天夜里，日吉丸忙得只能睡三四个小时。

一天，日吉丸洗好十几套练习用衣后，由于疲惫不堪，在松树下睡着了。很不巧，年轻武士中武艺最好的横泽神五郎正好经过树下，看见日吉丸在睡觉，认为他偷懒，不禁大声呵斥道："猴子！起来！"还踢了日吉丸一脚，使得他惊醒过来。

"呀，什么事？"

"你竟在白天睡觉，太不像话了……来！让我好好教训你一下。"

神五郎紧紧抓住日吉丸的手腕，日吉丸只好跟着走。炎炎烈日下的空地里，年轻武士们正以疋田小伯及其十三名手下为对手，喊喝声中挥舞木刀和枪，勤练武艺。

"猴子，木刀也好，枪也好，拿好了过来打！"说了之后，神五郎用力推开日吉丸。被推得摇摇欲倒的日吉丸，好不容易稳住脚跟，咬紧嘴唇，从地上捡起一把练习用枪。

"哦，大家过来看呀，猴子要向神五郎殿讨教了。"

"猴子，好好干。"年轻武士们嘲笑着围观。日吉丸已处骑虎难下的情势中，他脸上露出坚定的神情。

"来吧！"神五郎握枪，摆好了架势。

日吉丸也持枪相对，向前滑进了一步……这时，他不知发现了什么，忽然仰望天空，叫了一声："呀！"神五郎不禁随着仰望。

良机不再，日吉丸厉喝一声："呀——！"用力刺出去的枪，结结实实撞上了神五郎的胸膛。神五郎仰天翻倒。

"太卑鄙了！"

"打！"围观的年轻武士们怒气冲冲，举起木刀和枪，正要围殴日吉丸时，自始至终静观事态的疋田小伯喝道："等一下！"

他制止了围殴。神五郎忍住胸部的疼痛，摇摇晃晃地站起来，满脸通红，怒斥道："猴子！你竟然使诈，真是卑鄙！"说完，举枪欲刺。

疋田小伯制止说："不罢手吗？神五郎殿，是你输了。"

"但是，他的手段太卑鄙了……"神五郎不服气地低声抱怨道。

"横泽样，如果你在战场上因仰望天空而被杀死了，你还能够骂别人卑鄙无耻吗？"日吉丸朗声回答，并接着说："我认为谋略也属于剑道，所以故意仰望天空。"

“哦——的确是妙计。但是，小子，”疋田小伯凝视着日吉丸说：“计谋只能用一次而已。与其如此，还不如专心锻炼，成为真正的武术家，以后就可以凭实力胜人了。”

“道理确是如此。但是，要修炼成为高手的话，一定得终身苦练吧。”

“是的。”

“可是我身体弱小，就是努力一辈子，我的武艺恐怕也比不上老师的一半，我还有其他更想做的事情。”

“什么事？”

“恕我无法奉告。”

“为什么？”

“怕您见笑。”

“不会笑的，你放心说吧。”

“真的不会笑我吗？”

“当然是真的。”

“那么我就说了。我是这样想的：与其成为枪剑高手，不如成为大将，指挥枪剑高手作战。如能成为大将，恕我没有礼貌，像老师这样的高手，要用多少就有多少……”日吉丸的话有如火上加油，使得年轻武士们怒火冲天，有两三个武士突然扑上前去。

“住手！”疋田小伯喝道。如果不是疋田小伯大声呵斥制止，日吉丸恐怕已被捣成肉酱了。

那一天夜里，松下嘉兵卫召唤日吉丸。

"日吉丸！"

"是。"

"这儿有一点钱，你拿去。今夜就离开这里。"

"是！"跪伏的日吉丸抬头看着主人。

"走得越远越好。"

"知道了，您的高恩厚德，我终生不忘！"

"日吉丸，不论到哪里，都要记得收敛你的才能。锋芒太露，易招人怨，惹来祸患。"

"是。"

"我早知道你遭人嫉恨。但是，我认为有机会让你学习忍耐是很好的，所以一直假装不知道。可是今天，你竟然大言不惭，犯了众怒。疋田小伯殿告诉我，年轻武士们恨得想杀死你，所以还是让你早点走比较好。日吉丸，你以后应该谨言慎行，不惹人怨，否则，有再高的才能也没有用。"

"是，您的忠告我将铭刻于心。"日吉丸擦干眼中的泪水，叩头退出。从后门偷偷离去的日吉丸，依依不舍地回头张望，喃喃自语："真是一位仁人君子！"

日吉丸是个知恩图报的人，他心想，一定要出人头地，报答他的好意。可是，如今又无家可归，流离失所的日吉丸，该何去何从呢？日吉丸虽心怀大志，却只得在夏夜星空下茫无目的地顺着天龙川，形单影只，疾行而去了。

终遇明主

结束流浪生活

当日吉丸在各国流浪的这段时间里，日本越来越乱，烽火连天，哀鸿遍野。京都的将军足利义辉被三好长庆控制，成为傀儡。小田原（神奈川县）的北条氏康逐走关东地方的上杉宪政，扬威称霸。甲斐（山梨县）的武田信玄与越后（新潟县）的上杉谦信，在川中岛短兵相接，双方陷于苦战。

在中部地方，毛利元就在严岛击败陶晴贤之后，气势冲天。在东海道方面，骏河的今川义元带领 10 万大军，整军经武，正准备攻入京都打倒足利将军。与今川义元旗鼓相当的是美浓的斋藤氏。斋藤的当家主人是杀死父亲道三秀龙的义龙。夹于今川与斋藤二强之间的，就是尾张的织田氏。

年方 25 岁的尾张名古屋城的领主织田信长，兵力至多3000，却能不被他国所灭而生存至今，可以说是一个奇迹。诸国藩侯无不以为织田家迟早会被今川义元所灭。他们都认为织田信长自幼即我行我素，脾气暴躁，是个庸碌之辈。这种说法，在流浪中的日吉丸当然也听到了。

日吉丸的父亲木下弥右卫门曾仕于织田家，而日吉丸自己也曾经是个被认为无可救药的顽童，如今听说信长公是个我行我素之人，虽然大家认为他很平庸，他却很想见一见他。这个愿望居然实现了。

1558年夏日的一天，黎明时分，乞丐模样的日吉丸坐在尾张国庄内川的河边，腿上放着装饭团的荷叶包，呆呆望着旭日下美丽的河水。"咦？"日吉丸抬起头来，因为忽然听到一阵战斗厮杀声。

河边有一群骑士奔驰而来。日吉丸不禁睁大眼睛注视，心想是织田家年轻武士的马战训练吧。回头一看，又有一骑队如旋风般疾驰而来。喊叫声、铁骑声与战鼓声响成一片，两支骑队在日吉丸隐身的草丛前相遇。双方都手持竹枪，互刺互打，激烈挥舞，不像训练，倒像是实际作战。其中，有一位内穿白绢上衣，外被革甲，腰佩赤红鞘长刀的年轻武士尤其勇猛。竹枪灵活地左右挑刺，并且大叫："敌方大将！厉害的来和信长单打独斗！"

草丛中的日吉丸不禁伸长脖子来看。他看到了一个相貌不俗、器宇轩昂的人，那个人就是信长。他想这样的人实在不像平庸之辈，甚至会成为威震一方的大将军。

"来了！"对方大将跃马袭向信长。

"看枪！"

日吉丸本以为信长会刺向对方，没想到他竟用竹枪横扫。对方的大将武艺高强，闪电般挑起信长的竹枪，并把它打落。信长急忙去找腰间的长刀，但已来不及了，胸膛中了一枪，

织田信长

从马上翻落水中，溅起一片水花。日吉丸心中大呼厉害。想不到演练时竟有家臣敢将君侯刺倒，落入水中。

全身湿透了，从水中站起的信长露出皓齿，哈哈大笑，大声说："权六！打得好，竟把我刺落下来，我输了。"看到他们君臣如此勇猛而豪爽，日吉丸心仪不已。刺落信长的是柴田权六，即以后的柴田胜家。

"权六，明天要赢给你看。"信长扬起眉头说了之后，就飞跃上马。

权六马上大喊："主上回城！"这场"战斗"中，有一半以上的人跌落水中，但都高声大笑着上马，排好队伍后，就整齐地跑起来。日吉丸认为这正是千载难逢的好机会，立刻从草丛中飞跃出来。他高举双手挥舞，大声喊叫，紧张得自己也不知在叫喊什么。真是危险至极！

信长勒住马缰，紧蹙双眉，怒目注视着日吉丸说："什么人！"信长怀疑他是化装成乞丐的敌国间谍。

"拜托！拜托！"拼命喊叫，奔向信长的日吉丸，两眼发红，闪着泪光，加上脸像猿猴般的异相，信长不禁一惊。

"何事相求？"

"请让我做你的家臣。我甘愿从士兵做起。"

一个年轻武士大喊一声："做梦！"并用竹枪从后面打倒恳求中的日吉丸。可是，跌倒的日吉丸又立刻跳起来。第二枪正要挥下的时候，信长喝道：

"住手！不要打！"他似乎看出日吉丸是个与众不同的人。

"什么理由呢？快说！"

"谢谢。在下名叫日吉丸，想跟随能称雄天下的贤主，因此周游列国。来到此地后，非常想见主上一面。事情凑巧得很，今天竟得见尊颜，深感主上确实是我愿望中的贤主。因此不揣冒昧，请求录用。敬请捡起在下一命，在下甘愿效忠。"

"日吉丸！"

"是。"

"你的武艺怎样？"

"武艺低劣。"

"学问呢？"

"没有学问。"

"才智呢？"

"自认为并不优于他人。"

"那你究竟有何专长？"

"并没有什么专长。"

"哦！很老实嘛！那你凭什么追随我呢？"

"真心。"

"真心？"

"是的。为主上不辞一死的真心。"

"哦！这倒是可取之处！好吧！到城里来吧。"

"是！"日吉丸大喜过望，为自己的光明前途兴奋不已。

成为武士

一年过去了，日吉丸奉准把姓名改为木下藤吉郎，担任草履夫，也就是随侍主人，处理杂务的工作。这期间，织田信长从名古屋城迁往清洲城。名古屋城则命令手下大将林美作镇守。

这年 8 月的一天深夜，突然有使者骑马飞奔到清洲城。信长叫使者进入寝室，一听是林美作叛乱，立刻从床上跃起，匆忙地穿好甲胄，手持长枪，奔向城门。信长身后，连一个家臣也没跟上。

可是一到城门，却有一个士兵牵着信长的爱马，边跑边喊："主上，马来了。"

信长见到有人竟比自己早出来，甚为惊异，一跃上马就问："是谁？"

"是木下藤吉郎。"

"猴子啊。"仔细一看，他竟已穿好士兵的甲胄。

"你怎知道我要出战？"

"使者的样子杀气腾腾，想必是从战场来的。因此我推想，主上马上要挥军出征。"

"很好！猴子，来吧。你初上战场，好好打仗建功。"信长和藤吉郎在黑暗中已经走远时，才见装束齐备的武士，30骑、50骑、70骑地从城里争先恐后奔驰而出。

叛军正在进攻名冢的一个地方。信长单骑驰入叛军阵中，大喝："叛贼！信长在此！谁敢上来？"信长斩钉截铁的喝声响彻四方，战场立刻肃静下来，停止了打斗。叛乱瞬间平息，仓皇逃跑的林美作被木下藤吉郎一枪刺毙。

"林美作的家臣听着，只要悔改，决不追究。"信长宣布后，随即掉转马首，回清洲城。

一个薄雾缭绕、阳光渐渐透出的早晨。木下藤吉郎跟随在信长后面，信长回头呼唤："猴子。"

"在！"

"你做草履夫实在可惜。从现在起晋升你为武士，管理马匹事务，薪俸30贯，迁居武士住宅。"

"呀，谢谢主上！"

藤吉郎抬头仰望黎明的乳白色天空，心中默告母亲，他终于成为武士了。那时，藤吉郎是23岁。藤吉郎成为年龄最小的武士迁入武士住宅后，马上雇用男女用人，并且到邻近的各武士家打招呼，然后到清洲城街上游逛。

他在估衣店前见到了桐叶纹样的战袍，买下来后即刻穿上。边走边想，母亲如能看到自己现在的样子，不知多高兴，迎面而过的商人和农夫，都向藤吉郎敬礼。藤吉郎来到护城河边，仰望高耸的城阁，不禁回想起10年前的自己。

"是的，我就是在这里连车一起被武士踢倒的。当时我发誓不做商人而要做武士！而今已如愿成为武士。可是决不能骄傲自满，还要努力，要更加努力！"藤吉郎勉励着自己。

崭露头角

那年的二百十日（日本的节气名，在立春后的第二百一十天，常有风灾）有强烈台风来袭，清洲城墙崩毁了200米以上。信长马上召集木匠、泥水匠及石匠等数百人，开始大规模的修复工事。工事虽已进行了二十多天，但是进度缓慢。这是需要叠置大方块岩石的艰难工事，所以人们都认为耗费时日是当然的。

"喂，等一下！"站在工地高处的监督官山渊右近，大声叫住路过的藤吉郎。

"请问有什么事？"

"你一边看工事一边嗤笑是什么意思？"山渊右近咄咄逼人地问着。右近是织田家重臣鸣海城主山渊左马介义远的长子，地位比刚做武士的藤吉郎高得多。藤吉郎只是默默地仰视右近。

"回答我！你为什么嗤笑？"

藤吉郎没有回答，反而哈哈大笑。

"放肆！你这是找死！"右近满脸赤红，手握刀把。

藤吉郎却镇定如常，严肃地说："山渊右近殿，你真的不知道在下为何而笑吗？"

"清洲城四面临敌，东有今川义元和武田信玄，西有浅井长政，南有松平元康，北有斋藤义龙和朝仓义景，皆非等闲之辈。当此织田家危难时刻，城墙却毁于台风，如果今天或明天有敌军大举来攻，请问如何抵抗？可是，工事虽然已进行了二十多天，却只完成三分之一。这么怠慢，怎不让人耻笑？"藤吉郎头头是道的一番话，震慑了对方。

"在这个乱世，修筑城墙时要遵循三个原则。第一，要保密，并争取提早完成。第二，城池最重要的坚固，外观美丑则是次要的。第三，工事进行中的时候，必须严防敌人突袭。可是，这次工事完全没有依照前述之原则进行，进度缓慢，又没有计划；城墙随意修补，工地处处杂乱。在下藤吉郎如果是敌方间谍，马上会通报，趁机来袭的。"

说完，他就丢下哑口无言的右近及工头等人，昂首往城外走去了。第二天，藤吉郎进城拜候信长时。

"藤吉郎，我听说你对城墙工事有意见，是吗？"

"啊，主上已经听到了。"

"今早山渊右近来对我说了，而且坚持要我处罚你。但是，你说的也有点道理。"

"属下诚感惶恐！"

"藤吉郎，我认为你不是信口开河的人。你在几天内有把握修好城墙？"

藤吉郎低头思索后回答："3 天。"

"只要 3 天？"信长以及左右的重臣们都不禁愕然。

即使任命筑城经验丰富的人来监工，无论如何估计，也要 10 天以上，而毫无经验年纪轻轻的木下藤吉郎，竟说只要 3 天就能做好。

"好！试试看。可是不能如期完成时怎么办？"

"当即引咎自裁。"藤吉郎很有自信地发誓。

当天，藤吉郎出城的时候，好友前田犬千代从后面追上来，担心地问："喂，真有把握吗？"

"放心，等着瞧吧。"藤吉郎笑着回答。

木下藤吉郎代替山渊右近的消息即刻传抵工地。工头们议论纷纷，猜测着猴脸矮子会有什么绝招。

藤吉郎到达工地后，立刻召集工头，微笑着宣布说："今天起，由我木下藤吉郎来执行工事，希望各位多多协助。我特别要声明，我已和主上约定，3 天内完成工事。3 天内不能完成，我就切腹自杀，我当然不希望如此，所以希望各位尽力工作。"

工头们听了之后，心里都在想：这个人怎会和主上约定 3 天内完成，而且不但不担心，反而一副满不在乎的样子，这个人一定是疯了。工头们随即回到各人的工作场地开始工作。但是，很显然的，他们工作起来比山渊右近监督时更为怠慢懒惰。不知为什么,藤吉郎既不督促,也不叱责。

到了黄昏,工作时间将要完毕的时候,藤吉郎突然大声下令:"全体到广场集合!"工人们心想,要被责骂了,工地的气氛一下子紧张起来。工人们抱着不安和恐惧的心情,陆陆续续到广场集合,没想到广场的地上铺着席子,席上备有丰盛的酒菜。

藤吉郎仍旧笑嘻嘻地说:"今后3天,大家都得努力地劳动。所以今天晚上,就请大家好好吃一顿,养养力气。"

工人们对自己的怠工已经深感内疚,又见到酒菜非常的丰盛,不禁大为感动。心里都在想,真不好意思。看见大家犹疑踌躇,藤吉郎拿起酒壶说:"不要客气。喝了,喝了。喝了之后,要唱要跳都随便。尽情享受吧。"边说边绕场替工人斟酒。不久,大家看出藤吉郎的诚意,场面也就逐渐热闹起来。藤吉郎自己也喝得脸都红了,开自己的玩笑说:"怎么样,我的脸越来越像猴子吧。"说完了,拍拍工人的肩膀,哈哈大笑。

月亮高悬在夜空中,大家也都吃喝得差不多了,藤吉郎来到工头们的席位,坐好后开口说:"请大家听听我的话。"他的语调是庄重严肃的。"我不知道大家是抱着怎样的想法来修筑城墙。但是,我希望你们知道:为了保护你们的家族、房子以及土地,这个城非修筑得坚固不可。如果城墙脆弱,一旦受敌军攻击而被攻陷,结果将如何呢?想想看,如果织田家灭亡了,城市、领土被敌军的铁蹄蹂躏,哭父叫母的孤儿,无处容身的老人，无力逃亡而惨被杀害的人……你们也必定上有父母，下有子女吧。你们忍心让家族遭受这种悲惨的境遇吗？当然不忍，那就得把本城修筑得有如铜墙铁壁，不论有几万大军来袭，都能屹立不动，稳如泰山。"

藤吉郎的这席话，态度恳切，语声铿锵，深深地打动人心。工头们都正襟危坐，仔细倾听。如今已经无人对藤吉郎有反感了。

"与其先盖好自己的房子，不如先把城墙修筑好，这样才能保护自己的生命和财产。我知道你们对我有反感，这一点我是不会计较的，但如果因此而耽误了工事，那就大错特错了。城池既不是我的，也不是主上一个人的，而是全体百姓的。"

当藤吉郎说到这里时，工头中年纪最大的一个，突然悲痛地说："大人！是我们不好，尚请宽恕。"他叩头之后，接着又说："大人的一席话，使小民觉得以前实在很愚昧！小民等是故意怠工的，小民甘愿承担此罪。但请大人不必等到明天早晨，今夜此刻就开始赶工吧。"

他抬起头，泪流满面地望着大伙儿说："大家愿意吗？"

大家都异口同声喊赞成。

藤吉郎以平静的语气说："我知道你们是被山渊右近教唆怠工的。"

"大人说得很对，现在我们完全觉悟了。请处罚小民吧，是山渊样秘密嘱咐小民，要大家怠工的。"

"那现在你就告诉大家努力工作吧。"

"是，是的！"

"大家都明白了，我很高兴。喝啊！喝酒唱歌，再去工作！"

于是大家一齐举杯，并齐唱赞美清洲城的歌谣。唱完后，齐喊一声："走呀！"

大家争先恐后，赶赴工作场地。

3 天过去了。预定完工的那天清早，信长带着随身侍从三四人来到工地。信长不禁惊叹地叫出了声，只见城墙已经完成，工地整理得干干净净。

"好家伙！竟然完工了。"

信长到城墙上观看时，发现濠边倒卧着数百个工人。不问也知，那是三天三夜不眠不休，如今怀着完成工事的喜悦，刚进入甜蜜梦乡的一群工人。

"啊，木下藤吉郎来了。"为好友的成功感到高兴的前田犬千代，边说边指着大门前的桥。和工人一起工作的藤吉郎，浑身泥汗。信长举手招呼桥上的藤吉郎说："藤吉郎，做得好！"

藤吉郎一听，先敬了个礼，然后跑到信长面前。

信长问道："我想增加你的俸禄。要多少？"

"主上，与其加禄，不如让我加入枪兵队。"枪兵队是与火枪队一起站在最前线的精兵部队。

"好，就编入枪兵队。俸禄百贯，率领士兵 30 名。"

"敬谢主上！"藤吉跪谢信长。终于如愿成为一队之长了。一年前还是草履夫的藤吉郎，多渴望成为枪兵队长啊！而被替换的山渊右近竟于当天逃亡。数日后，急信来到，报告右近之父义远在鸣海城造反。

右近之父义远早就想归顺今川义元以谋反，所以密令其子右近设法延迟城墙工事，以便整备军队突袭清洲城，一举击灭信长。山渊父子的反叛使信长大怒，立即亲率2000名部队袭击鸣海城，仅仅一天的工夫即将该城攻陷。山渊父子战死。

织田信长

骏河国领主今川义元很早就准备进攻京都，终于在1560年5月1日出兵。今川军进攻京都，一定要经过织田信长的领地，信长当然不会让其通过。但是今川义元很有自信，他认为信长一旦听到4万大军压境，就会从清洲城逃走；即使不逃而反抗，他也可在一天之内歼灭信长军。

今川大军来袭的消息传到清洲城的那一夜，城里仍和往常一样，没有任何动静。可是听到消息的老百姓，却惶恐不安，对于信长军毫无举动感到很惊讶。第二天，城里仍然没有宣告要避难或准备打仗。所以，不安之中，商人仍开店做生意，工匠工作，农夫耕田。

城里信长府中的大堂内，重臣以及武将彻夜开会商议，可是却偏偏不见信长的身影。信长昨夜得到这个消息后面不改色，只是喃喃自语："终于来了！"进入寝室后，大概是安然入睡了。早晨则优哉游哉地在庭院里散步。大堂以及连接大堂的一个一个房间里，坐满了织田家的武士，焦急地等待信长出来，等得脚都坐麻了。藤吉郎坐在离大堂很远的房间的角落里。

好不容易挨到中午，信长终于进入大堂。信长一就座，立即乐观地说："大家不必愁眉苦脸。人生不过几十年，和天地之悠悠比起来，真像一场梦。人生在世有生必有死，大家如果这么想，一定随时可以含笑面临死亡。"

但大家都不作声，连一个咳嗽声也没有，整个大堂一片肃穆。

"主上……"重臣之一忍不住说了，"有消息报告，今川军4万已经攻破丸根及鹫挂的砦寨。"

"哦……"

信长一直凝视着天花板。丸根和鹫挂的砦寨已被击破的话，今川的大军就可毫无阻碍地通过尾州平原，直攻清洲城。

"而清洲城只有不足3000的士兵，有如怒涛中的小舟……"

"住口！"

信长突然呵斥："我迟迟不来大堂，就因为不想听战败论者唠叨不断的悲观论调。在座有没有认为信长军会不战而降今川义元的？有这种想法者，可立即离开此地，投奔其他藩侯。信长一定要战！一定与义元决战！"信长起立，严肃地宣布决心。

藤吉郎仰望着信长的英姿，心中暗想，这正是我愿意为他奉献生命的藩侯啊。想着想着，不禁热血沸腾。大家都以为接着应该讨论如何应战，是守城以待呢，还是决战于平原呢？哪知信长竟说："各位昨夜不曾休息吧？看来一脸倦容，都回去睡觉好了。"

武士们不禁愣住了，可是信长已经头也不回地走出大堂。众人只好遵从命令。那一天深夜，信长醒来后叫道："有谁在？"

杉户应声拉开门，一名侍卫手捧烛台进来："主上醒来了吗？"

"嗯。拿甲胄来。马也要上鞍备好。还有，拿吃的来。"

"是。"

信长吃完饭后，命令道："去拿那个叫鸣海泻的小鼓来。"

信长接了那个有名的小鼓后，随手敲了几下说："深夜的鼓音格外悦耳，替我敲鼓，我来歌舞一曲。"

"遵命。"侍卫是位名鼓手。

信长起立，"刷"一声打开折扇。

名鼓鸣海泻，响起悠扬清晰的鼓音，从静悄悄的清洲城内，传到满布星星的夜空中。

人生五十年，

如梦亦如幻。

有生方有死，

壮士何所憾。

信长朗朗高歌，悠悠旋舞。这是将赴战场决战，视死如归者的歌舞，舞姿显得舒缓优美。

信长舞毕，杉户实时拉开门，一个身披甲胄的年轻武士跪伏报告："主上，马已备好。"

"哦，是藤吉郎。"信长随手抛开折扇，迅速披上侍卫提上来的甲胄。

"如听到我战死的消息，即刻放火，把本城烧尽。"

"遵命！"侍卫应答后，一直跪叩。因为泪流不止，不敢抬头望主人。

此时为 1560 年 5 月 19 日黎明前。

天赐良机

信长胯下的白马，在黎明前的星光中奔驰如风。后面跟着木下藤吉郎率领的枪兵队，快步地跟随着。信长已经决心不辞一死，迎战强敌。为保卫自己的乡土而牺牲的壮举，正合大丈夫的愿望。

忽从一个路口，响起一阵叫喊声，口口声声："哦！主上！"

信长没有停下马，只是大声问道："是谁？"

"柴田权六胜家，率 160 骑随驾。"

"跟来！"

又一路口。"主上！森可成率 120 骑来了。"

"好！随后跟来！"

如此，100 骑、200 骑的士兵纷纷加入行列。东方的天空变成乳白，晨雾缓缓流散，而跟随信长身后的将士，已达 3000 多骑了。这支匆促成军的队伍根本无所谓阵形。哪有时间排成整齐的出征行列呢？当路边民房里的百姓被噪声惊醒，慌忙睁开睡眼往外探看的时候，大军已扬尘而去了。可见，行军的速度是多么快。

当信长在热田神宫前勒马停蹄的时候，四周围已被初升的旭日照得明亮了。老杉树梢上，早起的乌鸦在热闹地啼叫着。信长跃下马，走进神社，来到正殿。神宫的奉祀官出来迎接，呈上祭酒。信长举杯喝干祭酒后跪在神前，高声拍手，祈祷说："我们国家的守护神！请您观看我守卫疆土之战！"

信长既没有祈求胜利，也不祈求庇佑自己的生命，只是对神誓言尽力作战。走出神社，跨上爱马的信长对 3000 余骑部下宣布：

"今天或将成为信长以及你们众人的忌日。你们一直不曾享受，只有苦劳。如今尚未酬报反要下令拼死一战，实在让我于心不忍。所以，如果有不想死的，不必顾虑，现在可以立即退出，决不追究。你们认为如何？"

"主上！我等愿随主上赴汤蹈火！"藤吉郎大声答应。

全军随着附和。信长于是把马首转向东方，挥鞭前进。以 3000 余骑的兵力，进击 4 万大军。很多地方的砦寨已陷入敌人之手。信长经丹下砦寨，走到善照寺砦寨，就在那儿观察敌方形势。

黑末川经过山麓，弯曲地流向伊势湾。中途汇入天白川的河口处有鸣海城，已被敌将冈部元信占领。从黑末川上游直下南方的山野，到处都是敌方兵马。根据判断是敌方猛将朝比奈主计及三河国松平元康（德川家康）的军队。但不知道今川义元的本营已推进到那里。

信长回头问："佐佐政次在不在？"

"在。"

"即刻率领 300 人攻击鸣海城。我则趁隙越渡黑末川，突破朝比奈及松平两军，直入义元本营。"

"遵命！"佐佐政次马上率领敢死队，由善照寺后的山坡顺势而下，有如一股黑旋风，突袭鸣海城。

信长也大叫一声："走！"

忽然，藤吉郎从后面草丛中跳出来，站在信长马前说："主上！请等一下。"

"为什么阻挡？"

"主上！现在还不能确定今川的本营是不是在黑末川对

岸，请耐心等待。"

"等待什么？"

"在下已命令一名士兵化装为农夫，去探索敌方大本营，请等探兵回来。"

信长很欣赏藤吉郎脑筋的灵活。"好，那就等吧。"

这时，鸣海城方面响起了突击的喊杀声。过了些时候，敢死队中，有二三名士兵，浑身血迹，跑回来报告说："佐佐政次殿等都已战死。"

信长听了，愤怒得唇颊微微颤抖，悲痛地说："都死了吗？"

接着他脸上露出坚定的神色，大声下令："藤吉郎，不能等了！让敌人看看信长的厉害！大家跟来！"

说完，就要策马驰下山麓。藤吉郎大叫一声："主上！"奋不顾身，上前阻挡。

这时候，道路上箭般飞来一骑，藤吉郎即刻报告说："主上！探兵回来了！"

"哦！"

人影越来越大，不用说，是农夫打扮的藤吉郎部下。焦急的藤吉郎一见部下从山坡驰上来，就急忙把他拉下马，带到信长跟前。

"如何？查到义元本营了吗？"

"是！敌军临时改道，目前大本营在桶狭间的山丘上，敌军正在休整。"

"哦！"听到消息的信长，不禁大呼："在桶狭间呀，真是天赐良机！"

　　在此以前，信长不管结果如何，只是想奋战到底。如今听到敌军本营驻扎于桶狭间，直觉到能打胜仗了。从善照寺到桶狭间的山道极为隐蔽，如果潜行到敌军本营所在地的山麓，就能对敌人突袭，冲入本营，即使敌军 10 倍、20 倍于我，斩下义元首级也并非不可能。信长不禁莞尔一笑。

桶狭间合战

　　幸运之神对织田信长微笑了。太阳西下时，天空忽然电闪雷鸣，黑云密布，狂风大作。如果不是这种天气，不论如何偃旗息鼓，信长的 3000 余骑仍不免被今川军发现。如今，似乎冥冥之中有天助，全军得以迅速前进。

　　信长下令："马伤了脚就放弃，军旗缠上树枝也放弃，只要有枪刀即可。我们的目的是斩取敌方大将今川义元的首级。即使全军覆没，也必定要斩取义元首级！"在人迹罕至的深山中，根本无路可走，全军将士自己开路，涉川越岭，逼近桶狭间。

　　狂风终于招来了暴雨。天昏地暗，电闪雷鸣，大雨倾盆。信长淋着雨，高声大叫："天佑我！"

　　跟在后面的藤吉郎大声报告："主上！那边就是本营！"

　　眼前崖下是在暴雨中显得白蒙蒙的沼泽，再过去就是隆起的丘陵，名叫田乐狭间。闪电中依稀可见陆上有营帐、旌旗以及马群等。

"冲呀！"

号令一下，3000将士冲下野草丛生的山崖。冲锋声震撼了山谷，也压过了雷鸣和暴雨声。今川的本营中士兵正在吃晚饭。织田军从四周草木中冲出，使全营陷入难以形容的大混乱。今川军的多数将士，还以为军中有人叛乱呢！而织田军则如入无人之境，所向披靡，喊杀声中只见血肉横飞。

今川义元逃到一棵大树下，不知所措，很难相信这是事实。义元身边的武将，也不知如何是好。在他们周围，只听织田军将士们口口声声喊叫："今川义元，出来一战，我是织田家的柴田胜家。""出来！骏河的统帅！织田旗下的前田犬千代在此。"

义元至现在才明白过来，愤怒地喊道："可恶的信长！竟敢来偷袭！"

这时，藤吉郎大叫："哦！在那棵大树下的就是今川义元殿！"织田家的勇士们一听，都冲向大树。今川诸将也拼死抵抗。兵刃相接，战在一起。只见人影一个一个地倒下，鲜血染红了草木。狂风骤雨中的大混战，其惨烈真难以言词形容。

义元砍杀了三四个人，正想喘一口气的当儿，一武士叫喊："今川殿，毛利新助来取首级。"喊声中枪如闪电般刺出。

"呀！"来不及躲闪，被枪刺到腰部的义元终于跌倒在地上。见到这一幕的藤吉郎，大声叫喊："敌我双方都听好！

今川义元的首级，已被毛利新助斩首了。今川元已经战死了。"

胜败已定。雨也停了。

信长手提血刃十余人的长刀，喃喃自语："我胜了！这该归功于奋战的将士们。信长幸有如此忠勇的部下。"

在震撼田乐狭间的胜利呼声中，信长神采焕发地率众归城。看着信长英姿的藤吉郎，心中又不禁庆幸自己得仕贤主。

长短枪之辩

由于桶狭间战役的胜利，织田信长已被诸侯视为后生可畏的大将。但是，今川义元灭亡之后，他仍丝毫不敢懈怠，因为周围都是敌国的织田家，前途仍布满荆棘，不知有多少战争在等待着他和他的将士们。

敌国中最可怕的是美浓的斋藤家，另外三河国冈崎城的只有 20 岁的松平元康，虽然很年轻，也是个不可轻视的人物。他在桶狭间之战中担任今川军先锋，攻陷了织田家很多砦寨，骁勇善战，而在听到义元战死之后，又能立即引兵退回三河。信长经过深思熟虑之后，认为与斋藤决战之前，应先与松平元康缔结盟约，于是派遣使者到冈崎城。

1562 年 1 月，松平元康接受信长的邀请，率领百余名家臣来到清洲城。信长出城迎接，和颜悦色地招呼寒暄。元康也满面笑容，频频道谢。站在远处观望的藤吉郎，不禁又立下大志，有朝一日一定要成为一国之主。

这一年，织田信长 28 岁，松平元康 21 岁，而木下藤吉郎则是 26 岁。当时恐怕没人料想到这三个人——信长、藤吉郎（秀吉）、元康（家康）——会先后成为掌握天下大权的将军吧。织田家及松平家的家臣中，或许有人会认为自己的主人将称霸天下。可是又有谁想到，枪兵队长木下藤吉郎竟会位极大合呢？

欢迎元康的贺宴，隆重地连开 3 天。藤吉郎娶弓箭队长浅野长胜的养女宁宁为妻。婚前藤吉郎曾寄信到家乡中村，请母亲务必参加婚礼。但母亲却自认是农家妇，恐怕会影响到藤吉郎的面子，所以没有来参加。藤吉郎不禁为母亲的顾虑而流泪。

婚后第一天，藤吉郎就对妻子说："母亲大人虽是农家妇，在我心目中却是日本最伟大的女性。我想迎母亲来奉养，希望你事事以母亲为先，孝顺为要，我则可置于其次。作为丈夫所希望你做的，只有这一件事而已。"

"是的。"

妻子跪伏，叩头答应。后来宁宁果然不负所托，当藤吉郎出征不在家时，她恪尽妇道，孝养婆婆大政所。藤吉郎虽依例有婚假三天，但完婚第二天即登城服勤。这一天恰逢信长命令手下武艺高强者演练枪术、剑术给元康观赏。

约有十几个人，依次演练武艺，其中最得众人赞赏的是新近录用的枪术家大泽主水。

酒宴时，信长问大泽主水说："大泽，枪是长的好还是短的好？"

"臣认为枪是短的好。"

"什么理由？"

"短枪如七尺（约2米）的话，往前刺较易，挑拨对方武器也

德川家康

灵活自如，非常便利。可是长枪一丈（约3米）以上的话，前刺时不易用上力量，挥打也颇不便，所以我认为短枪最好。"

听了大泽主水有条有理的答话之后，信长面带微笑环视众人，问道："有没有反对大泽意见的？"

大泽主水是枪术名家。如果因为提出相反意见而被命令与其交手，那就进退两难了，所以众人默不作声。

信长再问的时候，末座有人大声说："主上，属下不才，绝对反对大泽主水殿的意见。"

"哦，是木下啊。"信长莞尔一笑。所有的视线都集中在藤吉郎身上，心中却多在嘲笑他口说大话，交手时恐将被大泽主水痛打一顿了。

藤吉郎站起来，走到了信长跟前。

"藤吉郎，说说你的理由。"

"道理很明显，当面对面刺杀的时候，长枪比短枪有利。"藤吉郎轻松地回答。

"木下殿到底用过长枪没有？在下虽不才，却也身兼织田家枪术指导，又曾周游列国，以短枪会过各地的武术名家，结果觉得短枪远比长枪好用。请木下殿再把理由进一步说清楚。"大泽主水愤然反驳。藤吉郎倒和颜悦色地回答："理由仍如前述。长的比短的先到，当然是长的有利。"

"不，绝对不是。在下积20年的经验，认为短枪好！"

微笑静听长短枪辩论的信长，下令说："好了，大泽主水认为短枪好，木下藤吉郎说长枪有利。现在，两人各带50名士兵，3天之后，两队交手看看。主水方一律用八尺竹枪，藤吉郎方一律用一丈八尺竹枪。"

不知什么原因，松平元康一直注视着藤吉郎。元康是否已看出藤吉郎是个英雄人物呢？事后，元康确曾对亲信的部下酒井正亲悄悄说过："木下藤吉郎的确是个不可轻视的人物。"

长枪阵法

大泽主水带了拨为自己部下的50名士兵到家里，就立即在庭院开始严格的训练。愤怒的大泽主水，很想借交手的机会把面目可憎的木下藤吉郎打得半死，所以仔细地教授枪法，说："对方的枪长是我方的两倍以上，所以要冲刺又冲刺，迫近身刺倒对方。"

他还决定，尽量减少休息，连续练习 3 天。可是一般的士兵从来没有用过短枪，所以一拿到枪就感觉手足无措。无论如何详细地说明和示范，架枪、刺枪等动作总是学不上来，笨手笨脚的。偏偏主水想在 3 天之内训练得能灵活用枪，一见姿势不对就骂，太笨的甚至用竹枪责打。弄得士兵们越来越惶恐失措，连几招基本枪术都学不好。到了第三天，50 名士兵都已精疲力尽了。

长枪组的 50 名士兵第一天集合的时候，藤吉郎已准备好丰盛的酒菜。他说："大家辛苦了。今天就请大喝一顿。"于是自己先吃喝起来。士兵们本以为是要来接受严格训练的，虽感意外，还是高兴地接受了招待。藤吉郎只叫他们尽情吃喝，好像把枪术比武的事都抛到九霄云外去了。

第二天清早集合后，藤吉郎命令各士兵手持竹枪到河边。可是并不训练，有人说："木下样，对方昨天就已开始严格的训练了。"

"啊，是吗？"

藤吉郎只是点点头，仍优哉游哉地看着天空。

有个人等得有些不耐烦了，催促说："可以开始练习了吧。"

藤吉郎却满不在乎地回答："哈！今天是寒冬里难得的

暖和天,就在太阳底下睡个午觉吧。你们平常总是忙忙碌碌,难得如此闲暇。今天就放松放松筋骨好了。"

到了第三天的时候,藤吉郎才将50个人分成3队。排好后说:"我绝对有把握击败大泽主水,你们只要按照我的命令行动即可。枪的使用技巧我也不知道,所以你们也不必知道。"

他接着说明战术:"正面为18人,左右各为16人。正面的一队先攻敌,与敌方枪相接前的一瞬间,我会举扇号令,左右两队实时从两侧攻击;而正面的一队则分成为9人的两小队,转到左右两队的侧面。如此依扇子的指挥来行动。"

藤吉郎说明完毕,就开始指挥士兵们演练。士兵们见到藤吉郎的折扇一挥,即分左右前进;见到折扇一合,即刻后退。藤吉郎就像以丝线操纵傀儡,指挥自如。阵式的变化远比奥妙的枪术容易学习。

比试的那天,晴空万里,几只老鹰在天空翱翔。织田家宽敞的练兵场正面,搭有一紫色帐幕,信长与元康并坐其中,列席左右的还有柴田胜家、佐久间信盛等重臣。数千名武士也整齐的列队参观。三声大鼓一响,大泽主水率50名部下从右帐中入场,左帐中则出现木下藤吉郎的队伍。一方拿着八尺竹枪,另一方用丈八竹枪互相对峙着。

裁判官大喊一声:"预备!"

大泽队队员各自以自己喜欢的姿势架起竹枪来,毫无阵形可言。木下队则中间18人成一列横队,把竹枪水平架齐，左右各有 16 人一行的纵队，成为"匚"字阵型。大泽主水一看，大吃一惊。他原本以为双方一开始就冲锋，成为一对一的乱军之战，如此一来则短枪必优于长枪。没想到木下队却以整齐的阵形应战。

大鼓又响了一声。"比试开始！"

大泽队在喊声中各自冲锋。木下队却一声不响，动也不动。当大泽队冲到木下队前方约 50 米时，藤吉郎折扇一扬，中央横队即刻齐步前冲，枪尖相触的一刹那，木下队齐喊一声，奋力刺出长枪。

毫无阵法可言的大泽队，一见密密麻麻的 18 支枪刺来，不禁心慌胆怯，只顾闪躲叫喊，不敢进攻。一丈八尺比八尺长一丈，这是 3 岁儿童也明白的事。

大泽队的短枪，在木下队十八支长枪齐刺齐收的一致攻击之下，只顾防御闪躲，哪有反击之力？正当大泽队无人能破枪阵难以招架时，木下队在藤吉郎折扇的指挥下，左右两个纵队也整齐地开始侧翼夹击。大泽队慌忙迎战，但气势上早被压倒，再加上他们经过连续 3 天无休无止的训练，早已精疲力尽，根本就无力反击了。

只见大泽队被冲得七零八落，三三两两地被刺倒在地上。藤吉郎见状，把折扇挥展，只见中央横队分为两队，转向左右两侧，形成鹤翼之阵。藤吉郎随即大声下令："赶快夹击！"

两纵队齐声大喊，齐步夹击。大泽队虽有二三人以短枪成功地挑落长枪，但是从鹤翼阵中立刻有人补上，攻击线始终保持完整。焦急的大泽主水也手持短枪加入战局，想打乱敌人的阵法。可是挑落了一支长枪，后面立刻有人补上空位，使他无可奈何。

藤吉郎见到被夹击的大泽队已被逼得无路可退了，于是下令："退后！"

木下队如潮水般后撤，退后约10米时，50人已横排成一条直线。藤吉郎的折扇再度徐徐展开。木下队惊天动地地齐声一喊，有如一阵暴风，开始了总攻击。大泽队中挥舞短枪抵抗的只有七八人，其余皆落荒而逃。大鼓声一响，比试告终。

信长问身旁的元康说："元康殿，你认为木下藤吉郎如何？"

元康平静地回答："是个大将之才，不要说千人，就是10万大军他也能指挥自如。"

信长即刻升任藤吉郎为率领百名士兵的弓箭队长。当夜，大泽主水不告而别。

后来查知大泽主水是美浓斋藤家间谍时，信长问藤吉郎道："藤吉郎，你是否早已识破大泽是敌国间谍？"

藤吉郎笑着回答："就因为是间谍，才向他挑战。"

"哦。如命令你与大泽一对一比试，你将如何？"

"那就当面斥责他为间谍，想主上一定会取出长枪，亲自刺杀大泽。"信长爱用的枪的确很长，而且脾气火暴，一旦知道枪术指导大泽主水是敌国间谍的话，一定会怒喝："我亲自以真枪来试试，是长枪好还是短枪好。你去拿真的短枪来！"

信长一听藤吉郎如此回答，不禁哈哈大笑说："原来想让我和大泽比武啊。果真如此，我也会像你一样赢他。"

君臣相视，抚掌大笑。

胸有成竹

3月的时候，山上的积雪已经融化，美浓的斋藤军开始陆续集结边境。织田与斋藤间的决战已无法避免。于是，织田信长决定在边境要冲的一个名叫墨股的地方筑城御敌。可是，墨股面临墨股川及木曾川，地势低洼，每年一到雨季，河水即泛滥成灾。现在，敌军隔川虎视眈眈，如果趁洪水来临之际大举来攻，那么在援兵不能及时赶到的情况下，信长的筑城军势将全军覆没。但是信长一旦决定，就必定贯彻到底，所以虽然困难重重，仍不放弃努力。

清洲城大堂中，老臣名古屋因幡守、佐久间信盛、柴田胜家、林佐渡守、织田勘解由等重臣，都极力反对在墨股筑城。信长却毫无取消之意，他忽然喊道："木下藤吉郎，提出意见来。"

藤吉郎立刻挺起胸膛，用洪亮的声音陈说："也难怪诸位重臣反对。其实，敌方也许做梦也没想到我方将筑城在洪水泛滥的墨股。出人意料地完成这一大工事，可说是我织田家击败斋藤家的最佳策略。害怕洪水则不能在河边筑城，害怕敌人则不可能攻入敌国。坚决地完成敌我都认为不可能之事，正是制胜之方。"

信长听完，转望重臣说："正合我意。有谁愿负责此事？"

佐久间信盛应声回答："主上既如此坚持，臣愿受此大任。"

两天后，佐久间信盛率3000士兵及5000工人出发。两个月过去了。尾张及美浓已进入雨季，去墨股的佐久间信盛，仍然杳无消息。不久，来了急报，说墨股发生大洪水；又过了两三天，佐久间信盛以及士兵、工人等落荒逃回清洲城。据说，洪水一起，斋藤军就泛竹筏于浊流中突袭织田军，溺死及战死者达900余人之多。

信长听完佐久间信盛的报告后，立即命令柴田胜家向墨股出发。可是，柴田胜家也被洪水及斋藤军所困，无法筑城，不久后惨兮兮地回来。但是信长仍不死心，再次任命堂兄弟织田勘解由，可是他抵达墨股不到半个月，即受敌夜袭而战死。

清洲城内外开始秘密批评信长了，认为这件事根本就行不通，他不应该轻举妄动，一意孤行。不久，已到秋风送爽的天气，信长一直没有任何动静。家臣们都以为信长鉴于3次的失败，已经放弃筑城墨股的事了。

有一天，信长召唤藤吉郎。藤吉郎听到要召见自己，心想终于轮到自己了。果然，一见到藤吉郎，信长就说："我想任命你守护墨股。"

"是的。"

"有自信吗？"

"已经有计策了，想必能筑成墨股城。如果有差错的话，臣甘愿领死。"

"是什么计策？"

"恕军机不可泄漏。"

"那就不问了，可是无论有何妙计，完成筑城工事之前，如果斋藤军大举来袭，你怎么办？"

"不，臣想斋藤军不会如主上所言来偷袭的。"

"为什么？"

"佐久间样、柴田样以及勘解由样都是织田家名将，都已接二连三地被打败，敌将必骄狂自满。何况我既年轻又没有名气，敌人一定会轻侮嘲笑，不屑来袭。等到筑好城池后，再来袭取。"

"哦！好，城一完成即赏赐给你。"

"谢主上！"

蜂须贺小六

两天之后，木下藤吉郎一个人前往海东郡蜂须贺村。藤吉郎去的地方，正是 10 年前曾经叨扰过的蜂须小六正胜的宅邸。

"木下藤吉郎？没听说过啊。不过，既然是织田家武士就请他过来吧。"如今年已 40 岁，风采依旧的小六，吩咐着通报有客来访的仆从。

不久，一位武士走进庭院内，边走边用怀念的眼光扫视周围的景物。小六一见，觉得似曾相识。等这位武士走到面前时，小六不禁大叫："哦！猴子，不，日吉丸。木下藤吉郎就是你呀！"

"很久没有拜见了。"藤吉郎微笑行礼。

"终于如愿成为武士了！"

"尚未成一城之主。"

"不,很好很好了,正如我所料。"小六高兴得端详藤吉郎。

两人叙了一番旧之后，藤吉郎严肃地开口说："今天专门来拜访，实是想以织田家臣身份商量要事。"

"哦？"

"您可知道织田信长公是日本天字第一号的英雄吗？"

"没这么伟大吧！"

"那就错了。除信长公以外，没有人能统一混乱的战国，使全国步入和平。如今，蜂须贺小六殿，您应该率领 2000 野武士，归仕信长公了。"

"住口！成为武士就趾高气扬，来搬弄我小六正胜吗？我蜂须贺家与美浓斋藤家交情颇深，怎么会投向斋藤家的仇敌织田信长？我蜂须贺小六是堂堂武士，决不做苟且背叛的事情。"

"您的心意固然很好。但小六殿，您怎能平心静气地看着斋藤家子杀父、臣叛君，老百姓又苦于苛政呢？这样的国家怎么能够持久？虽然您与斋藤家是世交，却绝非其臣下，只是您的父亲对斋藤家有恩啊。为此竟要追随斋藤家一齐灭亡，这就是野武士的道义吗？实在是愚不可及！"

藤吉郎的一段话使得小六哑口无言。

"小六殿，如今已非野武士也可以称雄的时代了。"

"那要在下如何效力织田呢？"小六似乎识破了藤吉郎的来意。

"在下被命令筑城于墨股，本不敢接受，后因念及小六殿，才毅然接受此命令。"事关紧要，藤吉郎很快地说下去。

"小六殿，要在墨股筑城，非借助熟悉该区地形的野武士之力不可。我想要商量的就是这件事。不知您能否帮忙呢？"

小六沉思良久，终于答应道："可以。但并不是为信长公，而是为阁下木下藤吉郎尽力。"

当天晚上，小六就差使者从蜂须贺邸向四面八方疾行而去。第二天凌晨，2000名野武士陆续集合，各个粗犷勇猛。集合之后，在小六命令下，向墨股出发。

一城之主

野武士中分别由木匠、石匠、船夫、樵夫等组成，这些武士分成几组，他们将砍伐下来的大树推到木曾川中，然后绑成木筏，顺着急流而下。木筏一到墨股岸边，同心协力拖上岸，用来筑城。挖土、堆石、担土、砍木等工作，在蜂须贺家 2000 名野武士的努力之下，进展很快。

野武士们之所以废寝忘食地工作，是因为城筑好之后，可以在木下藤吉郎麾下成为真正的武士。也就是说，他们是在建筑自己住的城池！对于野武士，这是多大的魅力！

不到一个月，墨股川边的建筑逐渐有了城的样子。隔岸冷眼旁观的斋藤军士兵们，越看越觉不安，有人说："奇怪？这次的大将叫做木下什么的，听说是士兵出身，可是筑城的速度倒蛮快的嘛。"

"为什么不去突袭呢？"

"这次的命令是静待工事结束。"

"为什么？"

"等到城一建好，我们就突袭占领。"

"原来如此！"

斋藤军的下级士兵，如此七嘴八舌地议论。又过了20天，墨股城已经屹立河边了。对岸的领军大将不破平四郎见了，得意地笑了一下，打算奇袭。

黑夜中，斋藤军渡河突袭墨股城。可是，这次与前三次的战况大不相同。为了保护亲手筑好的城池，2000名野武士士气高昂。他们本就勇猛善战，加上藤吉郎指挥若定，使斋藤军蒙受了损失。感觉不妙的不破平四郎大叫："撤退！"

可是已经来不及了。藤吉郎的伏兵已经在对方的舟筏上泼油，放火燃烧。3000名斋藤军陷入苦战，前有刀枪，后有水火，即使侥幸不死，跳上未着火的舟筏而逃，也遭受如雨的矢箭。斋藤军返回时死伤惨重。野武士本就擅长暗夜中的山地战，普通士兵很难与之抗衡。

两天后的拂晓，不破平四郎以数倍于前的兵力，打算强取墨股城。不幸，又被木下军打得落花流水。第三次，斋藤军又发动总攻击。可是，木下军似乎早已料到，守得有如铜墙铁壁，并见机出城反击，斋藤军死伤八成以上，攻城的企图终告失败。

从此，斋藤军不敢出动了。墨股城终于完成，木下藤吉郎也成为一城之主。不但织田家全体将士赞叹，而且因此而扬名诸国。蜂须贺小六正胜从此正式归附于藤吉郎。

戎马岁月

礼贤下士

墨股城虽然是一个小城，但毕竟实现了木下藤吉郎少年时代的梦想。成为墨股城主人的他，想做的事非常多。他最注意的是招揽人才，获得好部下。他认为，自古以来，扬名天下的英雄，都不是凭借一个人的力量就能成功的，而是有智勇、人格高尚的部下协助，所以他想寻找出类拔萃的人物，作为自己的左右手。

一天，藤吉郎登上城楼，伫立良久，他一边眺望着美浓平原及中部山脉的美好景色，一边沉思其中是否有隐居的勇士。不久，蜂须贺正胜也来到城楼。他已把名字中间的小六改为彦右卫门，奉藤吉郎为君主，执臣下之礼，丝毫不计较过去的地位。

藤吉郎回顾正胜说："中部诸国不知道有没有卧龙？"

"龙？"

"对，龙。一旦得云，即能飞天，呼风唤雨的龙。"

正胜会意了，稍为思考之后说："有。有龙！"

"有啊！是谁？"

藤吉郎显得很兴奋。"是美浓国不破郡岩手下的人，名叫竹中半兵卫重治。一年前离开斋藤家，如今隐居栗原山中。臣以为此人可以称得上龙。"

"好，你详细告诉我，竹中半兵卫到底是个怎样杰出的人物！"

于是，正胜说出如下的故事：就在 1 月，美浓国斋藤家的稻叶城内，大将云集、齐来拜年的时候，老将安藤伊贺守向主人斋藤义龙谏言："主上，今年起敬请整军经武，爱护百姓。现在正是战国乱世，如果只知道饮酒作乐，稻叶城恐遭邻国织田之铁蹄蹂躏。"

义龙自从其父秀龙于前年去世之后，一直不问政事，怠忽军备，只是整日饮酒作乐。可是，良药苦口，忠言逆耳。

"新年里头，就说稻叶城会沦亡等不吉利的话，真让人扫兴！"义龙一怒之下，返回内室。

安藤伊贺守不禁叹息，在这种昏君治理之下，斋藤家灭亡之期恐将不远了。正感黯然时，近侍传话说："主上在内有请。"

伊贺守心知不妙。果然，等待伊贺守的不是义龙，而是牢房。安藤伊贺守被关的消息，很快传到菩提山城主竹中半兵卫耳中，因为他的妻子是伊贺守之女。患病在床的半兵卫，听了这个意外消息，只是静静地点了一下头。

半兵卫是个俊美的青年，因自幼体弱，从未上阵作战；但长于智谋，身为武士，16 岁第一次参与战役时，以出人意料的计谋使敌方大败。自此以后，他受到重用，斋藤军所以能连打几次胜仗，都是由竹中半兵卫策划的。听到伊贺守被关的消息后，半兵卫紧闭城门，毫无动静。直到2月2日，半兵卫才率领16名强壮士兵，奔向稻叶城。

深夜，半兵卫命令一名部下在稻叶城下呼喊："发生大事了！织田信长突率1万大军越境入侵。"守门士兵一听，急急把门打开。半兵卫等人像一阵风似的，立即跑入城内。他们用这种方法连闯了几关之后，终于到达义龙的居处。半兵卫大声叫喊："欺君弄臣，出来受死！竹中半兵卫重治来了！"

慌忙跑出来的长井新八郎、斋藤飞骅守等义龙亲信的佞臣，都被半兵卫的部下一刀杀死。听了近侍报告的义龙，大惊失色，他颤声地急唤卫兵，一副可怜相。这时，半兵卫麾下一千余骑，已经包围了稻叶城。

义龙惊吓过度，不敢见半兵卫，在四五名近侍护卫下从后门溜出，急急忙忙逃到稻叶郡黑野村的鹈饲城。半兵卫只是想告诫义龙，自己仅救出岳父安藤伊贺守而已，并不想占领稻叶城。所以，从牢房里救出安藤后，半兵卫即刻离开，连菩提山城也不回去了，独自一人到栗原山中。

他在写给叔父竹中重利的信中，有一段说：虽为告诫，但惊吓主上及占领稻叶城之罪甚重。俺本多病之身，所以辞官隐居，以度余生。据说，从此以后，没有人见过半兵卫。

藤吉郎听后，欣喜地说："哦！确实是龙！我决定去请竹中半兵卫来墨股城。"

"请稍等。竹中半兵卫虽然弃义龙而隐居，道义上或许仍认斋藤家为主家，恐怕不会愿意为斋藤家之敌织田效劳。"

"不，我想只要诚心相求，一定能说服他出栗原山。"

第二天，藤吉郎一个人赶赴栗原山。当夕阳染红天际之时，他终于来到栗原山麓。山腰上有一间房子，周围是苍郁的松林。藤吉郎从土垣的竹编门扉窥视，看到庭院中央的炉灶前，有一个少年在蹲着烧枯枝。

"喂，孩子。"

"谁？"少年应声站起来。

"我是织田信长的家臣，叫做木下藤吉郎。想拜会竹中半兵卫殿，能否通报一声？"

"我家主人不在。"

"哈哈哈，大概是半兵卫殿交代你，有客来访就说不在吧。"

少年闷声不响了。

"拜托，拜托，请通报一下。"

"不行，老师从来没有接见过外人的。"

"没关系，试一试嘛。"少年不得已进入屋内，但马上就出来说："还是不行啦。说是请回去。"

"那么，我下次再来好了。"

"再来也是不行。"

"不，只要能见面，多少次也要来。"藤吉郎说了之后，笑着下山去了。

第二天同一时刻，藤吉郎又出现在竹门前。

"呀，你又来了。"

"通报一声，好吗？"

"好，通报就通报。"少年跑进里面，不一会儿又跑出来了。

"老师说，免了。"

"那，明天再来。"

"不！真是不行的。你还是看开点，不要再来了。"

"不，明天一定再来。"藤吉郎没有食言，次日一早就来了。少年一见，不待吩咐，立即跑进通报。半兵卫仍是不见。

藤吉郎已经跑了3次，但他一点也不气馁。他知道中国三国时代的蜀汉帝刘备，为了请出诸葛孔明，曾三顾茅庐。第三次，孔明正在午睡，刘备还在院子里站了半天。他决心学习刘备，3次不行，5次、10次地去，直到见面为止。

于是，藤吉郎连续15天上下栗原山。即使遇到大风大雨的日子也从不间断。少年也已跟他很热络，一见到他来，就立刻替他入内通报，期待着老师答应见面。第十五天正逢大雨。藤吉郎被半兵卫拒绝后，默默地蜷坐在泥泞中。少年见到，慌慌张张地问："叔叔，你要做什么呀？"

藤吉郎用屋内也听得到的音量说："今天就坐在这里，不再走了！"

"但是，叔叔坐在那里会淋雨呀。"

"不要管我。"

"哎呀，怎么办呐，我再去问一次看看。"

少年急忙跑进去。过了一会儿，跑出来的少年，满脸笑容，高兴地说："叔叔，老师说要跟你见面了。"

"哦！谢谢！"少年带藤吉郎到室内等候，他心跳个不停。

"有劳等候。"随着年轻而清朗的声音，竹中半兵卫走进室内来。

藤吉郎看了一眼，立刻知道半兵卫确实是人中龙凤，心里庆幸自己努力坚持。他说："多次来访，打扰您的清静。我木下藤吉郎——"

正要提及来意时，半兵卫举手制止，说："不用说了，你的来意我已经明白。衷心感谢你的诚意，身为墨股城城主，竟独自到敌国之地，访问 15 次之多，令人佩服！"

"那么……愿意到我方来了？"

"从今天起，愿奉藤吉郎样为主人。"

"谢谢，真不知道该如何道谢。"

"但有一事请原谅。织田军即将在近日内进攻美浓。到时在下必保持中立。斋藤家灭亡之后，在下再赴墨股城。"

"只要肯归附我方，即使明年后年，也愿意等候。"

"今日请先带这孩子回去，他将来必能建功。"藤吉郎高兴地答应了。

这个少年就是追随藤吉郎驰骋沙场 30 年，建立赫赫战功，晚年受封为出云及隐歧二国的藩侯，领有 69 万石俸禄的崛尾吉晴。

如此，木下藤吉郎以常人所不及的真诚和谦虚，延揽到竹中半兵卫。斋藤家灭亡之后，半兵卫如约来到墨股城，正式立下主从之誓。以后10年间，如果没有半兵卫的奇计良谋，藤吉郎或许不能连战连胜，建立大功。藤吉郎所以能晋升为羽柴筑前守秀吉，也是得力于竹中半兵卫。

智取稻叶城

藤吉郎往访竹中半兵卫的第二年8月，织田信长终于发兵1万人，浩浩荡荡渡越木曾川。斋藤义龙大惊，催促重臣说："叫竹中半兵卫来。快派人到栗原山……"

重臣们面面相觑，默不作声。事到如今，就是召唤半兵卫，又有什么用呢？何况他是不会来的。虽然知道徒劳无功，仍然派出使者到栗原山。果然，半兵卫一句话都不回。织田军以木下藤吉郎率领的1000余士兵为先锋，势如破竹，攻陷各地砦寨，第十天即已逼近稻叶城。

但是，稻叶城周围都是峻险的山岳，不容易攻陷，转为山地战之后，织田军开始陷于苦战。因为斋藤军有火枪队，从山腰居高临下射击，颇占优势；而贫穷的织田军没有配备火枪。面临这种情势的织田军，如果背后又有敌军来袭，极有可能全军覆没，所以非尽快占领稻叶城不可。

这个时候有些急躁的信长召藤吉郎问道："有无妙计？"

藤吉郎想了片刻之后，说："只有舍身冒险一途！"

"怎么做？"

藤吉郎沉着地回答说："带兵 10 名，潜入稻叶城。"

"做得到吗？"

"誓必达成！"当夜，藤吉郎将先锋队指挥权交给蜂须贺彦右卫门正胜后，带领勇士 10 人，自阵营中消失。原来，伴随竹中半兵卫的少年茂助，非常熟悉稻叶城周围的地形及山道。于是，由茂助当向导，在黑夜中翻山越岭。经过千辛万苦，黎明前，藤吉郎一行人终于到达了稻叶山背后的瑞龙寺山的山顶。

"先睡一觉。"说完，藤吉郎与部下一起，横躺在岩石上。但是茂助并不睡觉，一个人守望着东方的天空。大约过了一个钟头，天已破晓。周围逐渐地明亮，除了他们所在的峰顶，只见迷迷蒙蒙的一片云海。

藤吉郎最先起身。茂助指着东方曙光初露的天空说："主上，太阳升上来了。"

"茂助，下面山谷内，确是稻叶城吗？"

"不错。"

"好。你就一个人留在这里。我们到谷底后会呼唤，你听到后就赶快放狼烟，知道吗？"

"知道了。"茂助站在狼烟筒旁边，目送其他人到谷底。耀眼的阳光一出，云海即起翻腾，开始消散，浓尾平原清晰地呈现眼底。

藤吉郎一行神不知鬼不觉地出现在稻叶城后门，优哉游哉地进入城内。把守后门的士兵，哪会料想到敌方竟敢来此，还以为是己方的人，看也不看，就放他们进去了。来到米仓后，藤吉郎举起右手指挥。10名部下把木材点上了火，跑到米仓里面去。

守备士兵这才明白过来，大叫："有敌人啊！"

但是，当守备士兵拿起武器追上来的时候，米仓已经冒出浓浓黑烟。守备队长急忙喊："不要追敌人了，火！先救火。"

这时，山峰上出现了狼烟。这是茂助一听见城内闹哄哄的声音时，立即点火引发的。等待狼烟信号的先锋队，在蜂须贺彦右卫门的攻击令下，千余骑一齐冲向七曲口、百曲口及井之口坂三条道路，进攻稻叶城。

烧掉全城将士赖以生存的贮粮之后，引起斋藤军的大混乱，士气低落。激战数小时后，稻叶城陷落。斋藤义龙在十数名侍臣保护之下，落荒而逃。于是，尾张国的织田信长合并了美浓国，一跃而成为120万石俸禄的大藩侯。

9月，信长移驻稻叶城，改称歧阜城。木下藤吉郎接受了信长的道谢之后，凯旋墨股城。

注重孝道

"斋藤家灭亡后，织田家已无外患。信长公入居歧阜城，我也成为这一小城之主。该是从清洲把母亲与妻子接来的时候了。"藤吉郎对蜂须贺彦右卫门吐露心事。

"这样很好，在下就去迎接。"

"那就拜托你了。"藤吉郎的母亲已从家乡中村搬到清洲，与媳妇宁宁一起平静地过日子。藤吉郎有好几年没见到母亲了。一想到不久即可见到想念中的母亲与妻子，竟有些沉不住气，再想到终于能如愿让母亲看到自己成为一城之主，更是有些志得意满。

这个时候，墨股城的城门前，站着一位俊美青年。

"请转告城主，竹中半兵卫特来拜见。"一听通报，藤吉郎亲自跑到城门来。

"哦！你来了，真好。"

"如约来拜会。"

"谢谢。"藤吉郎低头行礼。于是,藤吉郎的喜事成双了。第二天，藤吉郎率领数十名侍臣出城迎接母亲。

秋高气爽，农家的庭院里菊花盛开。收割后的稻田里，雀群在啄食落穗。藤吉郎观赏着田野景色，回想到自己从乡下顽童成为一城之主，而且上有慈母，下有天下无双的谋士，实在幸运！于是请来村里的长老，命令集合村里所有的小孩子。

长老到村子里下达命令。村人都猜想着：领主要孩子们做什么？战战兢兢带着孩子集合。藤吉郎看到一百多个孩子来了，他满脸笑容，向大家招呼："来，来！给你们糖果吃！"

这些孩子们认为领主是不能亲近、可怕的人物，他们被这突然而来的礼遇吓呆了。"来啊，不要客气。很甜的哟。"藤吉郎从侍臣提着的箱子里拿了个饼，放在口里吃给孩子们看。孩子们这才恢复常态"哇"的一声，争先恐后跑上前去。藤吉郎依序将糖果一把一把地分给孩子们。孩子们的父母，跪在稍远的地上，泪光盈盈地观看这动人的一幕。

当时的日本，找不出别的领主，会亲自分糖果给农家孩童。藤吉郎和孩子们快乐地在一起，这时候，瞭望的侍臣跑回来报告说："太夫人行列来了。"

"哦，好。"藤吉郎高兴地回答。

蜂须贺彦右卫门的马队，护卫他母亲乘坐的轿子渐渐走近。彦右卫门见到藤吉郎，立即跳下马，低身探头，向轿中报告："藤吉郎样来迎。"

"哦"的一声，母亲从轿中伸出头探望她朝思暮想的儿子。轿子停下来后，在武士跪叩中，藤吉郎来到轿前跪伏。

"母亲大人……"只叫了一声，即哽咽了。

母亲也只是凝视着儿子，激动得说不出话来。"似梦似幻。"母亲这么想。

当年，日吉丸在三更半夜，匆忙回到中村的老家又立即要远行的时候，她忍着眼泪说："日吉丸！走你自己要走的路……"

日吉丸点头答应，说："谢谢，母亲。"两眼也是泪珠闪闪。

"以前，无论到哪里，做什么事，总是被大人责骂的日吉丸，如今，已成为一城之主，来迎接我这个做母亲的人。"想着，想着，母亲热泪盈眶。

周围的侍臣们，也感动地低声说："啊，真感人！"远方跪坐于地的百姓，衷心庆幸他们有心地慈善的好领主。妻子宁宁也蹲伏在轿侧，拭着喜悦的眼泪。天空中几只老鹰愉快地鸣叫着，盘旋飞舞，好像在祝福这宁静祥和的时刻。

羽翼渐丰

移到岐阜城后，织田信长过了 3 年的平静生活。其间，织田家录用了一位智勇兼备的大将明智光秀。他本是美浓国惠那乡明智庄明智城的城主，也是斋藤道三秀龙的重臣，当秀龙被其子义龙所灭时，明智城也被攻破烧毁，他不得不逃亡，流浪日本各地 10 年之久。

光秀学问很好，在 10 年的流浪生活中又历经艰难的修行，有许多难得的经验，养成了与一般武士不同的胆识，所以，信长就录用他为参谋。那时候，光秀 39 岁。信长不是神仙，哪里会料到以后自己被明智光秀背叛，含恨死于非命！

当信长在岐阜城延揽人才，强化军备的时候，诸国形势也在变动。京都方面，将军足利义辉被三好义继及松永文秀两党袭击惨遭杀害。义辉之弟义昭继位为第十四代将军，但不敢住在京都，而辗转于诸侯间，苟延残喘。这也就是说，统一日本的将军，事实上已不存在了。

甲斐的武田信玄则整军经武，秣马厉兵，想等待机会击破织田信长。三河的松平元康已改名德川家康，与信长的来往越来越频繁，订下军事同盟。木下藤吉郎则在墨股城广场新建一大馆。全城将士，包括藤吉郎自己在内，都拜竹中半兵卫为师。每天在馆内，上午学习《论语》《孟子》，下午训练枪刀等武术，晚上则倾听其讲解兵法军事。

已是一城之主的藤吉郎，最忧虑的是自己没有学问。他从少年时代起，就不曾定下心来读书，难得现在既有良师又有时间，所以他非常用功。唯一令人担心的，是竹中半兵卫体弱多病。但是，半兵卫从未停过一天讲授，努力地促使墨股城 2000 人的军队，发挥不亚于 1 万或 2 万人的战斗力。

1567 年，桑名城的泷川一益突然派遣使者来信长处，说是被北田家所攻，形势危急，请求急派援军。信长立刻命令明智光秀率军援救。

光秀认为这是建功立业的良机，于是奋勇出发，途经墨股城的时候，接受了秀吉的招待及军粮的补充。这时木下藤吉郎携同竹中半兵卫，来拜访光秀。藤吉郎自己走到光秀面前说："明智光秀殿，在下是本城守将木下藤吉郎。"

"啊，久仰。"光秀郑重地答礼。因为必须赶路，无暇多待，两人交谈了几句话之后，光秀点头为礼，说："要出发了，失礼。"然后走向自己的坐骑。

藤吉郎微笑着目送光秀后，回头问半兵卫说："如何？

明智光秀像是聪明人物嘛？"

半兵卫微皱眉头，注视光秀的背影，低声说："确是聪明模样，不过，聪明有两种，一种是真正的聪明，另

明智光秀

一种则是旁门左道的聪明，我总觉得他有哪儿不太对劲。看起来冷静沉着，却带着股阴险之气，不宜深交。"

藤吉郎点头说："所言不差。"

竹中半兵卫没有看错，20年后，光秀突然背叛，夜袭本能寺，杀死信长。藤吉郎与光秀激战之后杀了光秀，为信长报了仇。当然，这时的藤吉郎做梦也没想到，命运会安排日后自己与光秀的争斗。

明智光秀一到伊势，作战勇猛，给敌人造成很大的威胁。可是，在伊势国颇有势力的北田家，并不容易击败，战况越来越激烈，双方陷于胶着状态。于是，信长一面下令木下藤吉郎赶往支持，一面准备亲征，可借此一展磨炼三年的藤吉郎及麾下 2000 将士的风采。

不战而屈人之兵

　　进军伊势的藤吉郎了解战况后，与竹中半兵卫商量说：
"现在能否以突破敌境，攻取敌方要冲之城池为上策？"

　　"正是。我军应攻取北伊势之高冈城，该城守将为北田
家第一强将山路弹正，如果能攻下该城，北田家诸将将阵脚
大乱。"

　　"好！就此决定。"木下军趁着黑夜，闪电般地突破敌军
右翼后，深入北伊势。一夜之间就进逼高冈城的木下军，在
半兵卫指挥下放火烧光城外的街市。当日正逢大风，烈焰不
但迅速蔓延市街乡村，且遍及山野。

　　孤立的高冈城，被木下军包围得水泄不通。10天过去了，
与友军的联络被切断的高冈城，军粮即将告罄。但是强将手
下无弱兵，丝毫看不出投降的迹象。

　　"竹中，现在该如何是好？是否该请求信长公增兵，一
举攻下？"

　　"山路弹正手下之将士皆视死如归，如果强行攻城我军
必然死伤惨重，不如主上只身入城。"

"可行吗？"

"想是可行。山路弹正虽勇敢善战，却极重情理。用情理去感动他，想必成功。"

"那就行。"

第二天，藤吉郎一个人来到高冈城的护城河边，大声嚷道："请山路弹正殿一听！在下是织田信长之臣——木下藤吉郎。想拜见弹正殿，有话当面奉告。"

谁知城方却以火枪代替回话。火药从藤吉郎耳旁擦过，他仍动也不动，面不改色地大声说："山路弹正殿，在下不是来打斗，而是来洽谈的，如此放枪岂不惹人耻笑？"

射击声停止了。城楼上有人大声说："有什么话，现在就说。"

"岂有此理！在下是战胜的织田军使者，贵方是即将束手就擒的败军。应按礼节接待胜方使者入城。"

"哦！虽是大言不惭，倒蛮有骨气的。好，进来。"不久，城门打开了。对方说："木下藤吉郎殿，请进。"

藤吉郎踱步过桥，走进城去。城里的士兵都以充满敌意、凶狠的眼光瞪着藤吉郎。士兵虽已好几天没吃东西，但都抱着必死的决心，一个个杀气腾腾。

山路弹正站在楼下等待藤吉郎。四目相接的刹那间，藤吉郎直觉到弹正气宇轩昂；而弹正也感到对方相貌非凡。

"弹正殿！北田大纳言虽然是公卿，可是他的部下却大多是软弱无能之辈，没想到贵城将士有如此高昂的士气，令人佩服！"

"主家危急存亡之秋，誓死守城是我辈的本分。"

"但也得看清时机与情况。"

"时机与情况？"

"阁下已决心拼死一战来守此城，但是可曾想到后果？"

"唉……"

"高冈城一旦陷落，北田家必将溃败。北田家是否有其他军队比得上贵部队勇猛？"

"……"

弹正缄默不语。他早就想到，如果自己战死了，友军士气恐将一蹶不振。

"无论如何拼命，这样下去，这个城恐怕无法再支持15天以上。所以在下特来劝降。织田信长无意灭亡北田大纳言殿。只是要平定天下之乱，使日本全国和平，不得不先统一诸国领土。此事要请多谅解，拼得一死不见得就合于忠义吧。"

藤吉郎非常诚恳地向弹正解释。弹正俯首默思良久，终于抬头说话了。"在下会考虑。"

"无缘无故向信长投降，当然有违武士的道义精神，但是为了大义、为了天下，就不同了。切记！不要做无谓的牺牲。"说完，藤吉郎离城而去。3天后，山路弹正率领数名部下来到藤吉郎营地。藤吉郎立即带弹正到边境的本营，谒见出兵亲征的信长。

信长接纳弹正之请，允诺不杀北田大纳言。于是，不费一兵一卒，伊势国全土平定了。记功簿中记上的功劳，第一是木下藤吉郎，第二是明智光秀。木下藤吉郎由于这次的功劳，改名为秀吉。

人才选拔

改名秀吉的藤吉郎回到墨股城后对蜂须贺彦右卫门说："本想再找两三个像竹中半兵卫这样的人才，现在不这么想了。"

"为什么？"

"找遍全日本恐怕也找不到能与半兵卫相媲美的谋士，我决定自己培养名将、勇士。"

"所谓培养是？"彦右卫门感到不可思议地反问。

"找少年英才来，请半兵卫教育。怎么样？这个构想很好吧？"

"嗯……"

"当我年老的时候，这些少年将是名扬天下的名将。没有比这个更让人高兴的了。"

秀吉生在农村，吃过许多苦，好不容易有今天，他比其他人更知道学问的重要。所以，他向大村由己学习汉字，向细川幽斋学习和歌及古典文学，向里村绍巴学习连歌，向千利休学习茶道等，用功不懈。

秀吉的语气更加热切了，"让优秀少年得以钻研学问、兵法、军事，锻炼武术，对日本的将来有莫大帮助。我少年时渴望不得之事，想实现在选出的少年身上。"

"主上心意，令人感激。"

"立即着手选拔家境贫寒的优秀少年。"

"遵命。"蜂须贺彦右卫门立即传令织田领地内各村村长，推荐智勇兼备的优秀少年，并亲自选拔城内少年。

首先被选上的是尾州二寺的制桶木匠的儿子市松，年方十四。他年幼的时候就是个顽童，顽皮得让父母也感到讨厌，可却非常聪明。他肤色黝黑，大鼻子，眼睛又突又大，神情傲慢。竹中半兵卫问他："想做武士吗？"

"是的。但是不做士兵或门卫，要做藩侯。"

半兵卫微笑着说："好，很有志气。"

这个市松就是以后的福岛正则。其次被带来的是与秀吉同乡住在中村的光明寺山麓，名叫虎之助的少年。他的父亲加藤弹正也是武士，由于作战受伤残废，以致家道中落。

虎之助才7岁，但怎么看也像已经十来岁。嘴唇紧闭的样子，看来很执拗。半兵卫开玩笑地对他说："你叫虎之助啊，好像很强壮嘛。"

他高兴地回答说："是啊。"

"想做武士的话，要离开母亲到城内来住，好吗？"

"好啊，我不怕。"

"好。你父亲加藤弹正殿是个好武士，不要输给你父亲啊。"虎之助点点头。这个虎之助就是以后的加藤清正。

竹中半兵卫一眼就能看出一个人的个性。所以，一个少年无论如何聪明，如果眼光狡猾，或巧言令色，就决不会入选。反之，无论如何固执、顽皮，只要能吃苦耐劳，说话诚实，就必定选上。

第三个被选上的是助作。他是被斋藤道三所灭的土岐左京夫的家臣的独子，在墨股城附近的山中与寡母相依为命。半兵卫问他说："你想做怎么样的人？"

他用清澈的眼光望着半兵，卫回答说："有了地位不骄傲的人。"

"哦，很好。"

这个助作就是以后的片桐且元。经过严格挑选出来的三少年，以堀尾茂助为长，组成侍卫队，接受竹中半兵卫严格的教导。不到三年，这些少年个个气宇轩昂，武术兵法也进步得让一般人望尘莫及。固然这些少年禀赋优异，但主要归功于竹中半兵卫认真的教导。

姊川合战

1568 年，在诸国漂泊的将军足利义昭来到岐阜。同情他并且拥护他的信长，于 9 月率军 3 万，向京都出征。德川家康也参加了这一队伍。

3 万兵马高举旌旗，长枪如林，浩浩荡荡向京都行军。

京都的松永及三好两党听到这个消息之后大为惊恐，立即向信长求和，信长答应了。

信长一到京都，立即随同将军到皇宫晋见天皇。由于连年战乱，天皇多年没有获得诸国的贡奉，皇宫一片萧条，宫门破旧，屋宇倾斜，庭园荒芜。元月里，天皇居然连年糕都不够吃，公卿们更是衣服褴褛。

信长看到这一副惨淡的景象，立即亲自画好宫殿设计图，命令3万部下大兴土木，又下令诸侯归还夺去的朝廷领地。不到一年时间，信长就恢复了朝廷的气象，于是任命木下藤吉郎秀吉为京都守备，自己返回岐阜。

京都守备是非常显赫的职务，秀吉对信长大为感激，誓言维护京都和平。秀吉认为欲保京都安泰，守军必须以身作则。于是下了一道军令，严禁盗窃与侵扰人民，违者一律斩首。他认为胜兵易骄，所以对部下管理特别严格。

一天晚上，一位士兵在酒店喝酒之后，不付钱就离开。店主追上来请求付钱的时候，遭到士兵的殴打。巡视中的蜂须贺彦右卫门正好路过，于是立刻将其逮捕。听了报告的秀吉断然下令将其斩首，并将该首级置于京都繁华大道，曝示7天。京都居民异口同声地说："守将木下样，处处为人民着想，对自己部下的罪行也绝对不宽赦，真是公正的好官！"

正因为有如此严格的军法，木下军军纪良好、守备严密，使得伺隙蠢动的三好及松永两党无机可乘。秀吉镇守京都的几年之间，从未发生兵火之乱。

1570 年，信长 37 岁，秀吉 35 岁。这年 4 月，一向不服信长的北国越前的朝仓义景，开始反抗了。

信长认为决不可姑息，下令 7 万大军出征。奋勇出击的织田军，翻山越岭，正要攻入越前敦贺。不料，江州的浅井长政突然背叛，从琵琶湖北方偷袭织田军，这使得信长也大吃一惊。浅井长政之妻为信长之妹，也就是说，信长的内弟背叛。遭受到这种意想不到的背后突袭，信长只好全军撤退。

此时，秀吉自请负责军队的殿后。大军撤退后，秀吉据守金崎砦寨，抵御追击的朝仓军，全军表现了誓死守城的决心与气概。一天夜里，月光皎洁，朝仓的追兵如怒涛般向金崎砦寨发动总攻击。哪知砦寨内空无一人，只剩下旗帜与炊烟飘荡着。

木下军已经前往深山中逃亡。不知究竟的朝仓军拼命追击，越度山谷时，突然听到轰隆一声，对面高地落下一大堆岩石，朝仓军半数以上被岩石压倒。原来，秀吉假装逃跑，实则埋伏于此。

第二天，抵达京都的信长等人，正在为秀吉的生死担心的时候，却见他率领着军队安全归来。信长一见，不禁热泪盈眶地说："秀吉！我会永远记得你这次的救命之恩。"逃过险境的信长，一想起平常那么信赖和疼爱的浅井长政竟然背叛了自己，就会悲愤不已。他决心歼灭浅井，即使因而致心爱的妹妹于死地，也是情非得已！

初夏时节，织田军自岐阜出发。行军的速度很快，3 天后已经逼近浅井长政的本城小谷。长政军自恃有1万余朝仓援军，可以发动猛烈的攻势。信长邀请率领5000名部队参战的德川家康商量战术。家康主张隔着姊川（在今滋贺县境内之河流）与之对峙，伺机决战。信长见藤吉郎也表示赞同，就决定按照这个计划作战。

1570年6月28日黎明。雾气之中，在姊川两岸，信长与家康的联军2.3万，和浅井与朝仓的联军1.8万，肃然对峙。朦胧中，除了水流声，周围一片静寂——正如台风来袭前一般，宁静之中隐藏着风暴。当天色渐白，朝雾渐渐消散的时候，一阵马蹄声突然划破了寂静。

站在河边的德川家康突然警觉起来。他发现河对岸下游的地方，有一队敌军正如旋风般涉水而来。辨认出敌军旗帜的家康叫喊："哦，那是浅井的勇将矶野丹波守。"于是，家康军的火枪队开始集中射击。但是，矶野丹波守率领的突击队仍然向信长的本营冲锋。这时，织田军第二队坂井右近和第三队池田胜三郎，齐喊一声，向敌方突击队正面冲锋。

顷刻间，兵刃相接，人仰马翻。只见阳光照射得水面一片血红。突击队想必是浅井军中的精锐，织田军第二队与第三队已被突破。第四队是木下藤吉郎秀吉。他也从来没有遇见过如此猛烈冲锋的敌人，禁不住说："野猪群冲来了……"

竹中半兵卫一见情势不妙，大叫说："不好！正面交战要吃亏。"但已来不及了，又是一场惨烈血战。幸而德川队适时赶到，从侧面猛攻。矶野丹波守一看情势逆转，于是大声下令撤退。这时，一个少年跑过去，向他猛刺了一枪。丹波守不防，腰间被刺中，翻落水中溅起一片水花。得手的少年，高声喊叫："堀尾茂助领取丹波守首级。"

突击队的领队大将被杀，士气瓦解，死的死，逃的逃。日已高升，阳光照得姊川耀眼眩目，两军陷入浴血苦斗。

站在后方高地，目不转睛地观察战况的信长，注意到决定胜负的一瞬即逝的战机来临时，立即大喊："德川军已经深入敌军右翼，就向那边前进！就向那边冲呀！"

听到这一号令的秀吉，立即向敌军右翼冲锋，部下也追随其后。信长见状，笑着喊道："藤吉郎干得好！我军胜利的时刻到了！"果然，那儿正是敌军的弱点，战局就此急转直下，浅井和朝仓的联军即刻被压倒，节节败退。织田军乘势追击。浅井长政终于惨败，逃入小谷城内。

大国领主

织田军虽然在姊川合战中大胜，却无法乘胜追击，因为武田信玄起兵了。自甲斐翻山越岭而来的 3 万武田军，进逼德川家康的滨松城。武田信玄想击败家康，然后上京都。

家康及麾下的 5000 武士，誓言不让武田蹂躏，奋勇迎击于三方原。德川家康的 5000 精兵，无论如何奋勇作战，遭遇到名将武田信玄率领的 3 万大军，仍如以卵击石，大败之下，家康单骑亡命奔逃，回到滨松城。

照理武田军应该继续挥军攻袭滨松城的，哪知不然。武田信玄突然死在营中。如果不是如此，滨松城一定会被信玄攻陷，德川家康也只好切腹自杀了。人的命运真是难以预料！自姊川回到岐阜的信长，一听到信玄的死讯，慨叹地说："啊！巨星终于陨落了！"然后，闭目默祷片刻。英雄惜英雄，信长认为可和他一争天下的只有武田信玄，如今武田信玄死了，岐阜既无后顾之忧，信长可以安心地出击，称霸天下了。

有一天，信长见到好长时间没来岐阜城的秀吉，对他说："藤吉郎，我有事要与你谈谈。"

秀吉应了一声，走向前。

"我正在考虑两场战争，你猜猜看是哪两场。"

"臣猜一是与浅井长政及朝仓义景两人的决战，另一是痛惩京都的足利将军。"

"正是。应该先打哪场战争呢？"

"应当以足利将军为先。足利将军竟然忘记曾受您扶助之事，秘密放檄诸侯，计划攻击吾君，真是忘恩负义之徒！足利将军的时代已经过去了，无论他以前如何尊贵，腐朽之物总得除去，我国也当去腐更新。"

"正合我意。"信长大为赞同他的意见。

1573年3月22日，新时代的英雄，为了实现统一天下的愿望，从岐阜出发了。将军义昭听到信长率10万大军上京，非常惊恐。曾接义昭密檄而允诺相助的关西、北陆、纪州等地的诸侯，见到信长神速的行动，不敢轻举妄动，都对义昭采取冷眼旁观的态度。

在将军惊惧惶恐，不知所措的时候，织田大军进入京都。大军包围了将军在二条的御所，既不发射火枪，也不引弓射箭，只是保持沉默。

提心吊胆的义昭，问侍臣三渊大和守说："信长究竟打算如何？"

"恐怕是暗示将军向他道歉。"

"身为将军，怎么能向辖下藩侯低头呢？"

"也许，信长在等待将军从二条御所外出流亡。"

"如果不流亡，将如何？"

"那么信长就会攻击二条御所，放火烧尽。"

义昭听了不禁战栗。数日后的阴雨之夜。从二条御所后门走出一小队兵马，过了濠桥后，悄无声息，向北落荒而去。

负责监视的蜂须贺正胜报告说："将军确在一行之内。"

"是嘛。那么，连续 15 代的室町幕府，就此告终了。"秀吉感慨良深地说。时势造英雄，英雄造时势。自应仁之乱以来，混乱已极的战国时代，从此局势大变了。

7 月底，信长率精锐部队行向近江北方，出击朝仓及浅井。织田军起初佯攻浅井长政的小谷城，然后锋头突然一转，改攻木本的朝仓军阵营。朝仓义景粗心大意，未曾防备，当即溃败，逃回一乘谷城。织田军马不停蹄，乘势攻城，一天就攻陷了一乘谷。

义景逃出城，躲入东云寺，但枪声已逼近寺门，于是切腹自尽，而孤掌难鸣的浅井长政，也终于在 8 月底投降织田信长。信长凯旋回师时，召见秀吉说："浅井的领土 18 万石赐予你。既成为大国领主，着即将姓改为羽柴。"

秀吉非常感激，叩首回答说："谢主上！此后即称为羽柴筑前守秀吉。"

从日吉丸到木下藤吉郎，从藤吉郎到秀吉，再从秀吉改姓加衔为羽柴筑前守，终于成为领有江州 18 万石的藩侯。当时，是 1574 年，秀吉才 39 岁。

秀吉并没有移驻小谷城，而是在该城南方琵琶湖畔的长滨筑一新城，第二年春，从墨股城移来。前临琵琶湖及四明岳，后倚伊吹山脉的长滨城，在秀吉的经营下日益兴旺。

此时秀吉的麾下有参谋竹中半兵卫，重臣亦皆以一当千之勇士，有秀吉之弟秀长、蜂须贺彦右卫门、生驹甚助、加藤作内、增田仁右卫门、山内一丰、大谷吉继等。侍卫队则除了原来的堀尾茂助、福岛市松、加藤虎之助、片桐助作，又新加入石田佐吉（即以后的石田三成）。

宏图大志

自从父亲信玄去世后，甲斐的武田胜赖，3 年之间招兵买马、整顿军纪，然后下令出击尾张国德川家康。全军 1.5 万，旌旗飘扬，战鼓咚咚，浩浩荡荡地出发了。冈崎城的德川家康，不得不再与武田军一决胜负。这一次，织田信长的援军及时赶到。两军相遇于设乐原。

1575 年 5 月 21 日黎明，武田胜赖充满信心地发动总攻击，甲斐 1.5 万勇士，士气如虹。武田家位于远离中央的偏远地带，不知海外进来的火药、火枪等新武器已经改变了战术。武田军没有火枪队，仍然以枪骑兵为先锋，做猛烈的冲锋。

喊杀声中，武田军发起了勇猛的冲锋，织田与德川的联军则静待时机。当武田军快冲到联军阵地前的围栅时，一声令下，各个阵地上的火枪齐发。震耳欲聋声中弹如雨下，只见武田军勇士东倒西歪，陈尸遍野。精锐的武田军终究不敌火药枪弹的威力，大败而逃，生还的将士，不足 3000 人。这场战役在日本史上称为"长筱之役"。

这场战役中，羽柴秀吉担任前锋，又立下大功。击败胜赖的信长无暇休息。入夏，即上京晋见天皇。天皇赐信长右大臣的官位，也赐信长的部下柴田胜家、林信胜、佐久间信盛、丹羽长秀、池田信辉、羽柴秀吉、明智光秀等人以爵位。现在，织田信长名副其实地掌握了日本的政权。

1576 年元月，信长决定在近江的安土修建一座宏伟的城池作为新居。大约在这个时候，越后的领主，名将上杉谦信死亡。当安土城内高耸的豪华壮丽的五层天主阁完成的时候，信长召唤秀吉。

"秀吉，能不能帮我做一件事？"

"请说。"

"率军队去中部地方，让毛利一族归服。"

"遵命。"

不用说，秀吉非常感激信长的知遇之恩。织田与毛利之争是一场龙虎斗，秀吉被选为此战的总指挥官，也是无上的光荣。

"秀吉，攻占中部地方，恐怕会耗费时日。也许5年甚至10年也说不定。"

"就是20年也在所不辞。"

"这段日子里，如果我死亡，领土也被夺，我们应该怎么办？"

"就取中部地方为领土。"

"如从中部地方被逐，我们应该怎么办？"

"渡海取九州岛。"

"如果又自九州岛被逐呢？"

"到朝鲜。从朝鲜被逐，就到大明（指中国明朝）。男子志在四方，什么地方不可以去？"

"好，可去。"信长笑了，并将心爱的折扇赐给秀吉。折扇上绘有亚洲地图，不但有日本、朝鲜、中国，连泰国、印度也在内。

秀吉率军队自安土城出发。据说，自天主阁目送大军的信长，无限感慨地说："啊！那脏兮兮的日吉丸，竟有这么一天……"

兵力强大的毛利家是不容易降服的。正如信长所预料的那样，统一中部地区或许需要 5 年甚至 10 年的时间。关于这一点，秀吉心里也已有准备。幸而进入播州时，秀吉得到一位智多星黑田官兵卫。以竹中半兵卫、黑田官兵卫为左右手的秀吉，兴筑姬路城作为大本营，与广岛的毛利辉元遥相对峙。

扶助毛利辉元的两名谋将吉川元春与小早川隆景都很有信心能击败秀吉军。1578 年 3 月，毛利辉元率 3.5 万大军出发东行。秀吉军虽然仅有 7500 名，却是竹中半兵卫训练出来的精兵，并不惧怕数倍于己的敌军。

中部地方战云密布，三木城的别所长治突然背叛信长，投奔毛利辉元。秀吉立即飞马传报信长。信长遣长子信忠率军 2 万驰援。7 月，秀吉与信忠两军合力攻打三木城。但是，别所长治的军队与越前或甲斐的军队不同,他们顽强地抵抗，再加上中部地方的诸侯都备有大量的火药、火枪及大炮，于是苦斗持续了一年多。

不幸的事情发生了。一天黄昏，在雾霭蒙蒙的山上，秀吉在高处观望三木城，心里在想：包围三木城已经一年了。粮道已断，水路已塞，城里面的人可以说已经成为瓮中之鳖,却仍不投降。3500 名守兵到底在吃什么？真是不可思议，只能说是奇迹。啊！虽说是敌人，别所长治确是勇将。

这时，一名侍卫喘着气，急匆匆跑过来，脸色泛青。"佐吉，怎么了？"

石田佐吉跑到近旁，立刻跪伏于地，激动得哭出声来。

"到底怎么了？只是哭。"

"竹中样……刚刚吐血……好像……"

"什么！半兵卫……"秀吉急忙跑下山。到了阵营中，飞也似的跑进一间板造小屋内。只听秀吉悲痛地叫了一声："半兵卫！"

昏暗灯火下的竹中半兵卫脸色死灰一般。当秀吉坐到枕边时，听见声响而张开眼的半兵卫，突然想要起身。秀吉急忙阻止，但半兵卫摇摇头，缓缓坐起。秀吉、医生以及伺候他的家臣们都屏息凝视。

半兵卫终于起身，端坐在床上后，用双手撑着床，伏身行礼说："领主，我的大限已到。……高恩厚德，衷心感激。……回顾这些年，没有什么建树，感觉非常惭愧！"

声音虽然细小，却清晰地传遍小屋的各个角落。这是他以最后的生命力放出的光彩！

秀吉悲切地说："半兵卫！你就这样离开我呀？"

"领主，请不要悲伤。您还有黑田官兵卫等众多杰出勇将……有臣所教导出来的少年，一定会大有作为……领主！全国正在大动乱之中……此时，出现领主这等伟大的英雄，真是苍天之幸……我要献最后一言……右大臣信长公虽然已镇伏诸国，平定了百年大乱。但是还须统一中部、四国、东北、关东等地，这样才是真正的和平，或许要等 10 年或 15 年……全国平定之后，建设新文化则有赖领主您了。"

半兵卫的每一句话，都深深印在秀吉心中。

"半兵卫，谢谢你的指点！"

"不敢。我很钦佩领主人格的伟大，所以奉献一点浅见而已。领主……敬请保重……"说完，半兵卫的上半身，有如朽木，仆俯于前。

"半兵卫！"秀吉探身抱起一看，他已安详地去世了！

"哦！龙终于升天了！"秀吉泪流不止。大约百日之后，三木城终于投降。城主别所长治请求赦免3500名部下之后切腹自尽。秀吉将这批忠勇的士兵收于麾下。

围困高松城

经过了大小无数次战役，秀吉军依次攻下了但马、播磨、因幡、伯耆等国，但是中部地方的统一仍然遥遥无期。小早川隆景与吉川元春都是智勇兼备的名将，他们发挥出了惊人的力量，坚强抗战。吉川元春在山的北面，小早川隆景在山的南面，都布置了铜墙铁壁般的防线。

秀吉采取的对策是向鸟取城发动攻击。鸟取城必须依靠海上运输来补给军用物资。黑田官兵卫识破之后，搜购船舶，组织海军，切断了海上运输路线。鸟取城继续抵抗了半年，终因弹尽粮绝而投降。鸟取城的失陷，使毛利军大受打击。吉川元春不得不放弃山的北面防线，向后撤退。

回到姬路城的秀吉，根据计划攻取备中。已经攻陷了鸟取城，如果再占领备中的高松城，就等于砍掉了毛利军的手足，可经由山的南道大举进攻广岛了。

1582 年 2 月，秀吉率领 6 万大军，从姬路出发。大军一到冈山城，秀吉立刻命令蜂须贺彦右卫门及黑田官兵卫为使者，到高松城劝城主清水宗治投降，但遭断然拒绝。不得已的情况下，秀吉决心攻击高松城。这时候，信长率军 5 万攻进甲斐，在天目山大破武田军，胜赖战死，名门武田家灭亡。

听到这一好消息的秀吉，振奋不已。心想必须早日攻陷高松城，以便进攻广岛。高松城位于冈山平原正中央，四面丘陵环绕，一看便知甚易攻陷。城内守兵 2000 名，却收容了辖下老百姓 3000 余人，不但无益于作战，反而增加了粮食的消耗。

但前往劝降的黑田官兵卫及蜂须贺彦右卫门，回来后都向秀吉报告说："清水宗治是极具胆识的勇将，恐怕不易攻陷该城。"

秀吉听了之后说："对！我也听说过。虽然是小城，绝对不可以轻视。"

于是秀吉巩固阵地，一步步向前推进，慢慢缩小包围圈，其间也曾发动两三次猛攻，高松城却屹立不动。白耗了两个月，到了雨季。雨中，双方又交战了多次，守军的士气却越来越旺盛，反击猛烈。

一天，望着连绵雨天的秀吉，忽然想到一个计谋，于是对黑田官兵卫高声地说:"官兵卫! 有一个计策可攻陷高松城。"

"臣也想有一计。"

"好。写下来看看。"

于是两人都取来纸笔,写下来后,互相交换。一看,都是写"水攻"。

秀吉哈哈大笑,说:"官兵卫,好! 就这么办吧。"

所谓水攻,就是在外围贮积大量雨水,将其灌入高松城所在的冈山平原,化平原为湖泊。这个大计划立即实行了。包围高松城用以连

丰臣秀吉

接各山之间的堤防,全长 3 公里,堤高 7 米,宽 10 米,是件大工程。秀吉召集数千名工人,搭建数百间小屋后,开始轮班工作,昼夜不停地筑堤。工事于 5 月 7 日开始,终于在第十四天完成了。

明智光秀的背叛

不久，高松城附近7条河流的水，一齐被引进冈山平原内。一天夜里，高松城主清水宗治听到摇撼大地的大洪水声，急忙起身，跑上城楼。

洪水从四面八方向高松城滚滚而来，吞没了道路、房子、田野、树林等平原上的一切东西。又惊又怒的宗治，气愤地说："可恶的羽柴！竟然采取'水攻'。"一夜之间，高松城变成湖中的孤城。而且水位还在不断地升高。

当秀吉全力攻打高松城的时候，京都却发生了事变——明智光秀的突然背叛。

在秀吉完成3公里堤防的那一天，信长在安土城大摆筵席，招待由冈崎城来访的德川家康。这一次的飨应奉行（飨应是招待，奉行是主管）是明智光秀。

当天晚上，信长和家康坐在大堂的上座，下方左右两列并坐着其他重臣，每个人的面前各有一方盘，盛有山珍海味的晚膳。当信长在用筷子吃烧烤鲜鱼的时候，忽然眉头一皱，怒声说："好臭！"众人目光都投向信长。

"光秀！臭鱼怎么能吃？"被信长怒目而视的光秀，面露愧色，俯首不住告罪。时值梅雨季节，天气非常闷热，以致特地从大阪买来的鲜鱼中有些腐腥气味。这对于身为飨应奉行的明智光秀来说，是一大耻辱。

这个时候，信长脾气火暴，丝毫没有为光秀的颜面着想，想到什么就说什么。

"光秀！你是飨应奉行，竟拿臭鱼待客。简直是混蛋！"信长斥骂之后，抓起面前的膳盘，掷向光秀，刚好击中光秀前额，光秀额破血流。

"晚膳全部换掉。光秀免除飨应奉行一职，明天率军驰援秀吉，听令于秀吉！"

"是！"光秀血也不擦，俯首行礼。回到宅邸之后，一人呆坐着，不知夜已深。想到自己仅仅为了一条鱼，遭受这种奇耻大辱，光秀不禁咬牙切齿。他觉得信长虽然是主人，也未免太过分了。20年来辛苦的工作，没有功劳也有苦劳，否则织田家哪有今天？这样对待功臣的主人不要也罢。愤恨之下，光秀萌生了背叛之心。

10天后——1582年6月2日，明智光秀率领着他的部将1.3万人，来到山城国附近。这里有两条路，向右前往备中，向左则前往京都。在岔路的明智光秀，回转马首，焦急地眺望来路，只见一骑飞奔而来。骑士到光秀身旁，焦急地问道："情况如何？"

"信长公确实已于上月的29日入京。现在住在本能寺，没有兵将随行，只有侍臣和侍卫二三十人。"

"好！"

夕阳西下，群山被染得通红。全军齐整，静待着命令到来，大家都已经感觉出一种异样的气氛。光秀大声宣布："众人听好！想必各位都已经听说了，我前几日任飨应奉行，招待德川家康，遭受右大臣信长的侮辱。至今前额尚有伤痕，是可忍孰不可忍？大丈夫不能忍辱吞声，血债必须血还，我决心今日袭击信长！"

接着又喊："众将士听着，进攻本能寺！"

1.3 万精兵齐声呼应，声势惊天动地。当时日本的武士精神就是以君耻为己耻，所以明智军敌忾同仇，士气高昂。全军向京都本能寺前进。

魂断本能寺

从少年时代起，百战沙场，历经危难的信长，有异于常人的敏锐感觉。他忽然醒来，直觉得感到空气中有某种异常的气氛向他逼近。信长翻身而起，远方传来震撼大地的步伐声，黑暗中弥漫着杀气。

信长大声叫人。走廊上传来一阵疾跑的脚步声，大声叫喊："主上！"

原来是侍卫森兰丸。

"兰丸进来。"应声入内的森兰丸，报告道："主上，真可恨！明智光秀背叛了！"

"什么？"

"我听见远处传来的行军声，所以跑上钟楼观看，明智光秀的旗帜正逐渐靠近。"

信长勃然大怒地说："心胸狭窄的光秀，竟然记恨前日之事！"

话刚说完，本能寺四周已响起了士兵的冲锋声。信长一听，知道已无法逃生。已知必死的信长，平静地对兰丸说："你是 16 岁吧？"

"是的。"

"我原本希望看到你长大后成为英雄，不幸遭逢这个变故，你才 16 岁，我真是对不起你。"

"主上！您怎么这么说，臣……臣……"森兰丸呜咽不止，泣不成声。

"这也是武士的命运……战斗吧！至少可让后世称赞森兰丸英勇护主。"

"是。"

兰丸应声而起，快步跑到走廊，大声下令："众侍卫！守住所有门口，不要让敌人接近主上！"

明智军已如波涛般拥进寺内。二三十名织田家的侍臣，挥舞着刀枪迎敌，却如螳臂当车，不消多时，即被杀死。明智军的甲胄武士，就像疯狂的野兽往正殿和客殿的走廊冲。

接着，弹箭也四下飞来。

信长上身穿白色小袖衣，下穿紫裙，手持钢刀，出现在走廊。明智军一见，都争先恐后叫喊着向他冲去。只见信长大喝一声，钢刀一闪，攀上走廊的武士，惨叫一声后，翻身倒下。信长左右的森兰丸、森力丸、森坊丸三兄弟，以及其他侍卫，都拼命抵抗。发结断落，头发披散的信长，有如传说中的白狐化身，妖异慑人。每逢信长一喝，必有敌人流血倒地。大约杀了十来人时，一支飞箭射中了信长肩膀。晃了一下的信长，摇晃中仍挥下一刀，砍到正要攀上来的一个敌人。

一见情况紧迫，信长弃刀迅速跑进自己的居室。身为右大臣，首级如果被无名士兵取得，将是身后一大耻辱。所以他跑进自己的居室，打算切腹自尽。此时，由四面八方纵放的火越来越盛，黑烟弥漫。黑烟中依稀可见人影缠斗。

森兰丸守在信长居室的门前，持着枪就像屹立不动的磐石。他要给主人争取时间，使他能从容自尽，并防敌人取其首级。走廊也冒起黑烟了。忽然烟中跑出一名武士，大声喊问："右大臣居室在这里吗？"

"退后！无耻的叛徒！"兰丸一喝，枪尖对准武士。

"我是明智家三勇士之一——安田作兵卫。看刀！"

"试试森兰丸一枪！"

兵刃相接，火花四迸。森兰丸乘隙，一枪刺中安田作兵卫的胸膛。

这时，信长清朗的声音从里面传来。

"兰丸，再见。"兰丸一听，立即跪拜在地，然后飞身跃起，推开纸门。只见信长俯伏着，白衣染满了鲜血。于是他立即推倒纸门，覆盖在遗体上面，并点火燃烧。见到居室火焰熊熊之后，兰丸盘坐在走廊中央，追随信长自尽了。一代英雄织田信长，就此魂断本能寺。

将高松城变成湖波中水城的秀吉，设营帐于石井山山麓的一间寺院，耐心等待清水宗治投降。

6月3日晚上10点左右。秀吉听到急促的脚步声传来，还以为清水宗治终于投降了。哪知蜂须贺彦右卫门气急败坏地跑进来说："主上！京都发生大事了！"

"什么事？"

"飞马来报，信长公去世。"

"什么？"秀吉不禁大叫了一声，这真是令人难以置信的惊人消息。昏暗不明的灯火中，彦右卫门看出秀吉脸色大变。

"信长公是切腹自尽。明智光秀突然背叛，袭击本能寺。"秀吉怒火中烧，肝肠欲裂。过了好一会儿，才呻吟似的说："原来是……光秀。"

已经去世的竹中半兵卫，第一次见到明智光秀时就忠告秀吉："光秀并不是真英才。眉宇之间流露着深沉、阴险之气，不宜多与他来往。"真是被他料中了。秀吉推想，信长公必定含恨而终，不禁颓然低头，泪如雨下。

对于秀吉来说，信长公之恩如同再造。要不是他一手提携出身低贱、面貌丑陋、武艺平平的日吉丸，秀吉怎么会有今天？

这一夜，秀吉发誓要为信长公报仇。但是悲伤是无济于事的。虽然已经誓言讨伐叛贼明智光秀，但目前应如何解决眼前之敌清水宗治？又如何对付毛利家的 3 万大军呢？前途真是困难重重。他决心不计一切排除万难，达成使命，于是擦干泪水，面对现实，对彦右卫门说："我必须降伏清水宗治，并与毛利缔结和约。"

"是。臣愿主其事。"

"好！只许成功，不许失败。"

"遵命。"

第二天清晨，蜂须贺彦卫门抱着誓死达成任务的决心，骑马前往毛利军大本营。蜂须贺彦右卫门经过 4 天的折冲，终于达成和谈。和约内容为：毛利割让备中、备后、美作、因幡及伯耆五国，秀吉军则须解高松城之水困，救城中 5000 人性命。

清水宗治觉得战败是可耻的事，不愿苟延残喘。高松城遭受水困约 20 天后的一个早晨，有一艘小船从秀吉的阵地划向城边。舟上的黑田官兵卫，大声对城内说："有事要告诉城主清水宗治殿。今天，和谈已经成立，当即引退大水，以救城内生命。敬请安心。"

说完，掉头准备回去时，宗治从城楼探身说："请稍待。

我方是否割让领土？"

"正是以割让备中等五国为条件。"宗治一听，紧抿了一下嘴唇，毅然说："请返告秀吉，清水宗治防守不力，使毛利家屈服于织田军而割让领土，没有面目苟延残喘，存活于世。只要救我城内 5000 军民，宗治甘愿一死。"

"胜负乃兵家常事，宗治殿不必言死。"

"哈哈哈……足下是黑田官兵卫吧，如果足下是宗治呢，是否愿意厚颜苟生？"

被反问的官兵卫无言以对。当然，他如果处在宗治的立场，也是不想活的。

官兵卫的小船离开之后，宗治对军民宣布："今午泛舟湖上，我将在敌我双方阵前切腹。"

城内吁叹声四起，大家都悲叹爱护百姓、体恤部下、勇敢善战的清水宗治。时刻一到，载着清水宗治的小舟，从城墙缓缓划出。露出水面的城墙上，无数军民目送着敬爱的领主，哀叫声、哭泣声、祈祷声混成一片。

秀吉全军也屏息凝视。一见宗治的小舟停在湖面，秀吉方面竖有红衣的小舟立时划出。两舟一接近，秀吉的使者说："清水宗治殿，在下堀尾茂助吉晴参见。"

"辛苦了。"

"阁下长期守城，想必非常辛苦，在下主上羽柴秀吉备了些许酒肴，敬请赏光。"于是将一桶酒和精制菜肴搬到对方的船上。

宗治道了谢，喝了几杯酒之后，手执白扇，站起来说："堀尾殿，请看乡下武士一舞。"他将手中的白扇一展，朗朗高歌，缓缓起舞，舞姿优雅。城墙上的军民看了，更是悲伤不已，呜咽不止。

在石井山本营内，遥观此情此景的秀吉，不禁深为感动，说："彦右卫门、官兵卫。清水宗治真是豪杰啊！"

宗治跳舞完毕，悲壮地喊道："堀尾殿。请看宗治……"说完，以短刀切腹而死。死时46岁。

讨伐叛贼

中部地区的远征任务一结束，秀吉立即下令大军向京都进发，讨伐叛贼明智光秀。1万余将士，从备中到备前，再经冈山城，一路向京都疾行。6月11日，秀吉军的先锋已到达尼崎。于是，一直按兵不动、静观情势的诸将领陆陆续续率军加入秀吉的阵营，其中有高山右近、中川濑兵卫、池田信辉等人。行至淀川附近时，地方上的武士，又20人、30人地加入讨伐军，使全军人数超过2万。

13日黎明，秀吉的旗帜——金葫芦，在阳光下闪闪发光。先锋部队已经向天王山东方的一支明智军攻击。秀吉见时机已经成熟，向全军下达了总攻击的命令。明智光秀在本能寺杀死信长之后，如狂风般席卷了信长驻守的安土城及秀吉的长滨城,并聚集各地不甘屈服于织田信长的武士们返回京都,以逸待劳,准备击溃远来的秀吉军。先是在天王山,双方火枪队猛烈交火,枪声一停,双方同时面对面冲锋,展开了一场疯狂的浴血战。

这场战役中,堀尾茂助不负竹中半兵卫的苦心栽培,身先士卒,挥舞十字形长枪,如入无人之境,向天王山顶的明智军猛冲。太阳升起来了,耀眼的阳光照射在天王山坡道上,草丛中、松树下、岩石阴影中到处是尸体。不久,山顶上传来话声,说:"占领了!堀尾茂助吉晴占领了天王山!"

呼喊声引起了山谷的回音,也引起了秀吉军的欢呼。高昂的士气之下,下午3时秀吉军完全占领了天王山。将大本营推动到山崎八幡宫的秀吉,传令全军,要在圆明寺川决战。圆明寺川长满了芦苇。明智军左翼与秀吉军右翼,隔河对峙。

过了一会儿,两军齐喊冲向河中,河水四溅,两军就在河中央展开了正面冲突。但见血肉横飞,河水被鲜血染红了。士气高昂的秀吉军,一波又一波的突破明智军驰上了东岸。东岸遍地竹林,埋伏在竹林中的明智军,发动猛烈的反击。夕阳西下,天边一片血红。这一场决战,从下午4时一直持续到下午7时,誓言击灭叛贼的秀吉军,终因士气旺盛而压倒了明智军。明智军溃败。

明智光秀在御坊冢的本营中,听到了不断战败的消息后,终于下决心撤退。他对身边的老臣比田带刀说:"带刀,我失算了!攻击信长前,忘了秀吉。秀吉实在不好惹,事到如

111

今，只好先撤退，以后再说了。带马来。”

明智光秀在月光朦胧的山道上，向后方疾驰。只有数十随从跟在后面。跋山涉水，通过村道，进入阴森的竹林后不久，前头的明智光秀，突然闷闷的一声呻吟，伏在马上。原来是被埋伏在竹丛中的人一枪刺中了腰际。后面的比田带刀一声惊呼，赶上前时，光秀已经不支，滚落地上。击灭信长于本能寺后仅11天，明智光秀死于无名小卒枪下。

6月18日，秀吉来到安土城。繁华的街市早已被明智军纵火焚毁，一片荒凉，秀吉不禁黯然长叹。叛贼明智光秀已被讨灭，可是，此后将如何呢？

柴田胜家、德川家康，不知正在想什么，毛利一族、小田原的北条氏政以及其他诸侯，又对此意外变故有什么看法？日本难道又要成为战乱时代吗？或者会变得比以前更坏、更糟糕？

“不！”秀吉自语，“决不能再度成为乱世。决不能使信长公的伟业就此烟消云散。”

秀吉想起竹中半兵卫临死前的遗言：“完成日本的统一之后，还有新文化的建设，这些都要靠您了。”

秀吉凝视着已经化为灰烬的安土城，心中立下大志：“对！这件事舍我其谁？代信长公恢复全国和平的，既不是柴田胜家，也不是德川家康，一定是我羽柴筑前守秀吉。”两天后，秀吉回到自己的长滨城。城池依旧，人民看到金葫芦马帜，都欣喜雀跃。秀吉在马上对路边的人民，含笑打招呼。

　　进城后的秀吉，不断询问身边前来报道的重臣："找到母亲大人了吗？"明智军来袭时，秀吉的母亲与妻子不见踪迹，到现在没有任何消息。

　　入夜时分，侍卫队的石田佐吉，不知从哪里匆匆忙忙地跑回城内报告说："主上，太夫人安然无恙。"

　　秀吉高兴地询问："佐吉，哪里找到的？"

　　"臣以前居住的寺院里。臣在出征前已经秘密安排该寺为太夫人和夫人的隐匿场所，以备本城被敌占领时，安然避敌。哪知果然用上。"

　　"哦！做得好！我也没想到长滨城会被占领，亏你想到，并且安排周全。谢谢！"秀吉由衷欣赏考虑周详的青年石田佐吉。秀吉马上派人到寺院迎接母亲与妻子。

　　秀吉跪接其母，低头说："母亲大人，有劳您奔波，敬请宽恕。"

　　母亲却平静地问："右大臣样的仇报了没有？"

　　"儿子已于山崎击败明智光秀。"

　　"我就是想听到这件事。如果无功而返，就是见到你安然无恙，我也不会高兴的。"

　　秀吉感动得说不出话来，心里却想："啊！我的母亲是全国最伟大的母亲！"

统一全国

继位之争

织田信长有信忠、信雄、信孝及信胜四个儿子。本能寺事变时，长子信忠正在二条城。他听见父亲战死的消息，就率领少数手下突袭明智军，不幸战死。信忠颇有信长的风范，死时年仅 27 岁。次子信雄为北田家养子，三子信孝为神户家养子，四子信胜为秀吉养子。信忠战死，留下信雄及信孝是织田家的不幸，因为两人都是浅薄而没有见识的人。

信长死后第二十五天，也就是 1582 年 6 月 27 日，织田家重臣在清洲城召开重大会议。参加的有羽柴筑前守秀吉、柴田胜家、中川濑兵卫、佐久间玄蕃、筒井顺庆、丹羽长秀、高山右近、前田利家等人。

会议席上，为了继承人问题，柴田胜家与羽柴秀吉的意见相左。柴田胜家说："应由神户信孝殿继承信长公。"

秀吉说："信孝殿为神户家养子，当然该由信忠殿之子三法师君继承。"

正如秀吉所说，信忠之子三法师虽然只有 3 岁，却是继承织田家的正统人选。但是，柴田胜家对于草履夫出身，而获得显赫功名的秀吉，一向反感，所以诘问秀吉说："信孝殿是智勇兼备的人物，仅仅三岁的三法师君，怎能治理刚统一的日本！"

柴田家是织田家历代重臣，当士兵时的藤吉郎是没有资格与胜家直接交谈的。如今诸侯看待羽柴秀吉竟比柴田胜家还重，使得胜家十多年来非常嫉妒和憎恨秀吉。隐藏在心中的不满，终于在这一天爆发了。

秀吉据理力争，不肯让步。他面带微笑地说："拥戴三法师为君，以神户信孝殿及北田信雄殿两位为摄政，共同治理织田家最适合了。您意下如何？"

他们意见一直不合，无法取得折中的意见。赞成胜家的是佐久间玄蕃。拥护秀吉的是丹羽长秀。前田利家等人则采取中立的态度。

秀吉终于说："要不这样吧，胜家殿不妨自行拥戴信孝殿为君，在下则奉三法师君于长滨城。"说完之后，自行返回长滨城。

胜家非常气愤，对信孝说秀吉的坏话，并煽动说："现在的形势非常明显，秀吉是个想扳倒织田家，夺取天下的野心者。拥戴年仅3岁的三法师君，只是欺世盗名的手段。信孝殿，请讨伐秀吉。"

信孝如果是思虑周密的人，就不会轻易被柴田胜家的言语所左右。可是，信孝相信了胜家的话，竟说："秀吉确是妄自尊大！"于是兴起推翻秀吉的念头，并开始准备。

风声传到了长滨城。秀吉神色黯然，对黑田官兵卫等重臣说："信孝殿真是愚蠢。我虽不愿与信长公之子作战，但如果不防备，恐怕将被灭亡。如今只有与柴田胜家决战一条路可走了。"秀吉立即飞檄四方。于是天下一分为二。

柴田胜家一方为佐久间玄蕃盛政、佐佐成政、安井左近、毛受胜助、胜家养子柴田胜政、德山秀有、原彦次郎氏次、不破元治等，全军 6 万人。羽柴秀吉一方为丹羽长秀、高山右近、黑田官兵卫、蜂须贺彦右卫门等 4 万人。织田家的龙虎，彼此倾尽全力，一步一步迈向非胜即死的大决战。

大决战

1583 年 3 月，战火在中部及近畿的山野点燃了。这一场大决战，在高山峻岭、大湖周围、城外民家密集的市街、平原、森林等地展开。但是，决定最后胜败的血战却极为短促。地点是贱岳。

5 月 21 日晨，以耀眼的金葫芦为旗帜，在法螺声、战鼓声及钲声中，秀吉军排山倒海般急追柴田军而进入贱岳。在崛切断崖的一处绝壁，柴田胜家儿子的柴田胜政军有的攀登、有的滑落，正喘着气，艰难地撤退。对面 30 米左右也是绝壁，往谷底看去，令人寒栗。

上午 7 时，对面的东断崖突然响起一阵枪声，只见数百名胜政军坠落谷底。胜政军愕然之下一看，连西侧断崖也出现了秀吉军，真是腹背受敌。跳跃灌木丛，踢散野杜鹃花，直冲上来的秀吉军中，有一组特别引人注目。那就是名传后世的贱岳七枪——已故竹中半兵卫组训的侍卫队的七个年轻人：福岛市松、加藤虎之助、片桐助作、奥村半平、大谷平马、加藤孙六、石田佐吉。另外，还有被称为贱岳三刀士的石川兵助、伊木半七、樱井佐吉。

看到自己培养的这些年轻人为了取得敌人首级，纵横战场，勇敢善战，秀吉感到非常的高兴。挑战柴田方首屈一指的猛将拜乡五左卫门的是 18 岁的少年石川兵助。

拜乡五左卫门见是少年，喝了一声："小子，闪开！"随即以枪挥打。

"看刀！"从枪下穿过的兵助用刀横扫，只听得马悲鸣一声，举起前蹄跃立，兵助扑向跌落地面的拜乡。一瞬间，纠缠着的两个人，从崖上倒栽到谷底去了。

"兵助！"片桐助作边唤边往下滑，谷底的两人已经死了，却仍然互相纠缠着不放。

加藤虎之助与敌方火枪队长户波隼人，互显绝技，杀得难解难分，终于以十字形枪刺穿隼人的胸膛。福岛市松与敌方大将浅井吉兵卫，缠斗数十分钟之久，终于取得吉兵卫首级。

糟屋助右卫门击毙德山五兵卫，樱井佐吉杀死宿屋七左卫门，加藤孙六击取山路将监。由于这些年轻武士的奋战，柴田军大溃败，并一路向西败走。秀吉军乘势急追，由山地战转为平地战，柴田胜政血溅田野而死，佐久间玄蕃则被活捉。柴田全军溃败，胜家逃回北座本城。

但北庄城内仅有 2000 余残兵把守，城外却有秀吉军 4 万，将城四周包围得水泄不通。胜家在城阁内点亮灯火，与重臣们把酒交谈之后，从容进入内室切腹自尽，真不愧是名门武士出身。一听到柴田胜家大败的消息，神户信孝离开自己住的岐阜城，到木曾川边的一间古寺切腹自尽，时年 26 岁。

一统天下

本来倾向胜家的伊势国泷川一益也已投降；广岛的毛利一族，不得不承认秀吉势不可挡，保持着静默；九州岛的大友义统也派使向秀吉敬致贺辞；越后的上杉景胜派使者签订同盟。信长死后仅仅一年左右的时间，羽柴秀吉就平定了天下。已经没有可与羽柴秀吉相抗衡的人物。

但是，仍有一潜藏着的英雄，默默地注意着秀吉如何征战取胜，那就是德川家康。秀吉很想知道家康究竟在想什么，有些什么打算。当然，家康或许也在小心地揣测，秀吉对自己有什么看法。

不久，家康派使者呈上亲笔书信给秀吉，祝贺大败胜家，天下太平。秀吉当然非常高兴。战争已结束，和平终于

丰臣秀吉的雕塑

来临了！日本全土子民，同声庆祝四海升平！这一年，秀吉48岁。秀吉已经成为称霸四方，无人敢反抗的人物，能顺自己的理想施政了，而秀吉的性格是地位越高，越重视自己的责任。如今既已成为名副其实的天下第一人，秀吉首先想到的是如何确保日本的和平。

于是秀吉下令全国实行"刀狩"。所谓"刀狩"，就是征收民间的所有武器，然后全部熔铸成铁钉、螺钉夹等，用于京都新建的大佛殿上。当时的日本，不仅武士，就连和尚或者老百姓家中也都有刀、弓箭、火枪、枪、薙刀等武器。其实这也难怪，因为天下大乱，随时都可能有战事发生，大家为了自卫，都备有武器；可是反过来说，如果连老百姓都有武器的话，难免动不动就动刀动枪，这就难怪战乱频仍了。秀吉所以断然实行"刀狩"，就是期望获得真正的和平。

秀吉又推行"城割"，也就是把多余的城一一拆除。因为他认为日本好不容易统一了，以前作为战争根据地的城仍然很多的话，诸侯容易背叛。废止关哨、开发交通、发展商业等，秀吉脚踏实地地施行这些良政，可说是前所未见的大政治家。

修建大阪城

　　战后，秀吉的头脑中又浮现出了一个大计划——修建大阪城。当时，文化的中心是城。高耸入云的天主阁是文化的象征。就像夏夜里无数的飞蛾喜欢到灯火周围，蚁群趋往甜蜜的食物，新的城一建好，人民就怀抱着美丽的希望，群集于城的周围谋生，那么新时代的新文化必定随着产生。

　　秀吉想建造一个空前未有的城，是由于期盼实现文化建设的理想。战争是破坏，破坏之后就必须建设。大阪真是非常适合作为建设之地，它一面临海，境内的淀川直通皇宫所在地京都，并与港口为邻和外地贸易。左有美丽古都奈良，右有山阴及山阳两道。连接四国与九州岛海陆通道的大平原的中心地——大阪，不但适合建设新文化，而且便于号令天下。

　　既然选好了地点，秀吉决定立刻开始建造，预计一年完成。下定决心，就要排除万难，贯彻到底，决不拖延，这是秀吉的成功之处，也是他伟大的地方。秀吉的构想很大。前田玄以遵从他的嘱咐，尽量做大规模的设计，但是秀吉看过设计图后仍然嫌小，秀吉认为天下已经平定，紧接着的是积极建设和拓展对外贸易，因此，必须把大阪建设成日本空前未有的大城。

秀吉最讨厌的是那种"萧规曹随"式的英雄。在统一日本全土之后，他的眼光立即转向海外。他认为日本想要富有，不仅要输入海外的文化，自身也必须有不亚于外国文化的伟大成就，城就是其中之一。要有能让外人赞叹的宏大美观的建筑，才能让日本与其他强国有同等地位，做平等交易。从这个观点看起来，设计成的大阪城，在秀吉眼中仍嫌太小。

兴筑大阪城的工事开始了。工人6万，木材由各地砍伐后，经由海陆路运来；城墙用的巨石是由四国及中部地方以数百艘船运来。工事奉行是石田三成、增田长盛及浅野长政。

大阪天守阁

筑城的同时，大阪市区也开始建设。

一天，秀吉来工地视察工事。昔日的荒野不见了，沼泽填满，山丘铲平，壕沟纵横挖凿，市区道路拓宽，商店林立。遥望港口，只见无数帆船，繁忙出入，运输木材及石材。视力所及的陆地上，东至大和川，北及淀川，西到横堀川，南止大壕沟的工地，有辛勤工作着的数万工人。

建造出日本国土上从未出现过的大城。如愿以偿的秀吉，满足地点着头。和那些生为诸侯之子而只知墨守祖先遗业的人相比，秀吉的抱负远大多了。出生于贫穷的农家，生长于难言的逆境，度过无暇求学的少年时代的秀吉，一旦出头，仍能不断充实自己。他的思想随着地位的升高，越来越成熟，也越来越有远见。英雄的伟大就在于此。

于是，由一般藩侯也许要 10 年甚至 15 年才能完成的巨城，秀吉仅仅花了一年就大功告成。八重天主阁、五层城楼以及本殿，从此夜夜大放光明，增添了大阪夜空的光彩。人民仰望城中灯火，发现日本已获得了有力的新统治者，都深感心安。

小牧山之战

1584 年春，信长的次子北田信雄突然劝说德川家康联合攻打秀吉。信雄这年 27 岁，是伊贺、伊势及尾张三州

107万石的领主，并不缺什么，但他仍然感到不满足，常说伊势是乡下地方。大阪城完成后，他数落秀吉不该筑城，又觉得自己是信长之子，应该是他住大阪城。埋怨累积成愤恨，终于认为秀吉已忘了亡父之恩，于是决心与家康合力攻打秀吉。信雄只是个看不出时代已经完全改变的公子哥儿而已。

德川家康受到信雄的游说之后，认为这或许是攻打秀吉的天赐良机。家康知道秀吉一直把自己当作强敌。所以他觉得与其被动挨打不如主动攻击。这也是日本战国时代勇将的普遍想法。既然迟早要决战，何不乘秀吉分心于兴建大阪城，而疏忽军备时来攻打？于是家康答应了信雄。

听到信雄和家康的联军来攻，秀吉叹息着说："笨蛋！家康这等人物竟不知我的心思！我实在不想在日本国内再见战火。战乱百年，生灵涂炭！……啊，家康为自己之猜忌心所蔽，终受信雄所诱！"

但局势紧迫，不能踌躇。家康与信雄的联军，有6万之多。秀吉立即下令出征。3月21日，总数3万余的将士，自大阪城出发。这是秀吉有生以来，第一次不想作战。天下二分，再起大战，则人民将完全绝望，陷入大混乱中。行军时，秀吉好几次在心里骂家康笨蛋。

家康军由滨松出发，经冈崎很快来到了清洲。东西两大军终于对阵于小牧山。西军的秀吉方总数8.8万，东军的家康方总数6.7万。满山都是兵马旌旗。秀吉胜，则天下归于秀吉；家康胜，则天下归于家康。

4月9日，战机成熟。秀吉看似将要发出惊天动地的总攻击令，却暗地里派遣池田信辉偷袭家康的冈崎城。由于放密探知晓此事的家康，全军自小牧山迅速撤退，反转攻击池田军。当密袭冈崎城的池田军殿后部队，夜行到名白山林之地暂作休息时，东军追到，双方发生激战。旭日上升时，惨烈的战场已经恢复寂静，只是飘散着血腥气味。

　　双方各战死数百名，负伤千余名之后，殿后部队为了脱离德川军的纠缠，急向池田军本队会合，而德川军则随后追击。于是，池田军与德川军又在岐阜岳及神户狭间两地激战。战况更为猛烈，用血肉横飞来形容，也非言过其实。

　　激战于下午1时结束，显然是德川军获胜。听到战败的报告后，秀吉立即站起来说："回大阪！准备撤退！"

　　以为会下令决战的将领，不禁有些茫然。秀吉爽朗地说："哈哈哈，不必惊异。家康赢了，想必已满足。如此就好。家康一见我撤退，自会撤退。家康想必知道，两军浴血苦战，对彼此都没有好处，如果在小牧山决战，我自信必胜。但我却率军奇袭冈崎城，以引家康去追击。家康军果然随后追击，以致两军互有死伤。家康并不笨，不会返来和我决战，所以我要引军回去。"

　　知道秀吉全军西返的德川诸将都很兴奋，异口同声地说："我们不妨一气追击，必可一举击溃秀吉军！""这正是我军大胜之良机！"

　　但家康却摇头说："不可！战事已经结束了。筑前守引军归去的心意，现在我已经明白了。他的意思是不要让彼此的部下枉死。如果加以追击，必遭埋伏之敌军反击。"

家康制止了全军追击，目送秀吉撤退。因此引起家康与北田信雄间的不和。信雄气愤地返回伊势的长岛城。秀吉回大阪城以后，见机亲赴信雄处。信雄见秀吉只带数百骑而来，先是不解，后来才明白秀吉之意在不使其故主之子灭亡，不禁又是惭愧又是感激，于是和议成立。

秀吉随后派遣使者与家康议和，家康当然立即接受。于是，天下又太平了。1584 年就此过去。秀吉拥立为织田家继嗣的三法师，不幸在这年夭折。

功成名就

1585 年，秀吉 50 岁了。7 月，天皇召见秀吉，赐给他朝臣中的最高的职位——关白，成为布衣宰相，位居一人之下，万人之上。天皇更赐他朝臣的姓——丰臣。秀吉大为感激，在京都建筑了一所豪华大邸，命名为聚乐第。聚乐第是东达大宫，南至春日，西及朱雀，北有一条的巨大邸宅，四周围以石垣，并有铁柱铜扉的楼门。居室数百间，其内器物皆饰有金银。隔间之门壁，皆由天才画家狩野永德所绘的四季花草。

1587 年，聚乐第落成时，秀吉在这里招待了天皇。

1590 年，秀吉在此接见了朝鲜使节，也在此迎接意大利的传教士亚历山大·华利奈尼。为了让天皇游乐，或接见外国使节而营建的聚乐第，可能是秀吉美梦的实现。秀吉出生在逢雨就漏的茅屋，或许从少年时代起就还有有朝一日住豪华宫殿的梦想。

在聚乐第落成的时候，天皇非常高兴，作了一首和歌：

> 万代复八百，万世虽已逝，
> 此时此刻永不褪色。

秀吉也很感动，和了一首歌如下：

> 言有尽时，意有穷时；
> 吾君之寿永无穷尽。

此时此刻的聚乐第内，聚集了日本 60 余州的诸侯，他们都身穿华美的衣冠束带，马、鞍、弓等都饰有金银。天皇方面则有亲王、公卿、女御等数百人随从，在伶人演奏安城乐中临幸聚乐第。秀吉以黄金百枚、麝香

丰臣秀吉家的家徽

20 个、御衣百种、绢百匹、马 10 头献给天皇。

聚乐第内就像人间天堂,盛宴连开五日五夜。有酒宴、夜游的乐宴、和歌的应酬、伶人的舞乐等,极尽声色之美。这正是绚烂的丰臣秀吉时代的全盛期。

此后 10 年,一直到 1598 年秀吉 63 岁去世为止,他都过着无比幸福的生活。但秀吉并非沉溺于英雄的称号,他仍继续致力于文化建设,并一个个地完成。1586 年,他在京都东山建立大寺院,安置约 50 米高的大佛——以九州岛、信州的木曾、纪州的熊野运来的木材做木像,漆以彩色的罗沙那佛。又允许曾被信长烧毁的山寺院复建;铸造大判及小判两种金币,以利经济发展。

秀吉对于偏远地区仍不降服的诸侯,以言辞恳切而又不失严肃的亲笔书信劝说,使其大半归服。只有小田原的北条氏政仍拒绝臣服。于是秀吉在 1589 年 12 月,亲率德川家康等数百名勇将讨伐,费时 3 个月,攻陷了小田原城。并劝家康说:"除足下之外,无人能统治关东。筑江户城而居,以统治此地怎样?"家康高兴地接受了这一提议。

在讨伐北条的时候,秀吉偶然间听说年迈的松下嘉兵卫孤零零地住在三河凤来寺山内,于是派石田三成传话,说秀吉要报答昔日之恩。松下嘉兵卫非常感动,但却以年老体衰一再推辞。石田三成不得已,带了嘉兵卫的儿子回来。秀吉感叹着说:"松下嘉兵卫真是重视武士精神的人物。"丰臣秀吉在统一全国之后,立松下嘉兵卫为藩侯。

将星陨落

丰臣秀吉自小田原归来之后，在聚乐第接见了朝鲜使节。他原本想与朝鲜缔结盟约，促进双方的文化交流。但是谈判破裂，秀吉决定出兵朝鲜。

1597 年夏，日本军在蔚山血战的时候，在京都的伏见城内，秀吉身患重病，自知多彩多姿的生涯已接近尾声。其实秀吉在两三年前就已经感觉到身体衰弱，他自认还不能死，担心自己一死，不知道日本会变成什么样子，更不知道丰臣家会变成怎样。现在自己卧床不起，想到儿子秀赖才 6 岁，放心不下的秀吉，终于想到了一个计划，那就是选任大老（将军麾下权位皆高的顾问五人以及奉行五人），赖以巩固丰臣家的基础。

秀吉从众多臣属中选出认为最能信赖的 10 个人。五大老是：德川家康、前田利家、毛利辉元、宇喜多秀家及小早川隆景。五奉行是：石田三成、增田长盛、浅野长政、长束正家及前田玄以。任命以后，秀吉很快召集五奉行及五大老到病床前，严肃地下命令，要求大家："合力扶助秀赖，守护丰臣家，以保天下长久和平。"

他本来想说拜托拜托的，但又觉得不能显得软弱，终是没有说出口。五大老五奉行都亲自写上誓言："决不违背太阁样之命令，誓必拥护秀赖样。"并盖上血判。所谓血判，是割破小指滴血时盖上的指印，是武士最崇高的誓言之证。

秀吉总算是放心了。不知道是不是因为这个原因，酷暑已过，凉爽的秋风吹起时他的病况突然加重，谁都知道他快不行了。有人认为该召唤五大老及五奉行来，但秀吉断然拒绝说："决不能打扰任何人。大家各自坚守其城善恪尽职守就可以了。不要让想要谋反的人有可乘之机。"

他给五老留下了遗书。或许是死期将至的缘故，遗书的笔调柔和而恳切。有一段内容如下："希望照护秀赖早日成长，以继承我的遗业。我所希望的只有这一件事而已，其他没有任何遗憾。拜托！拜托！"

秀吉的文章虽然很简短，却是真情毕露。他童年的时候读书不多，主要是日后的努力，不但遣词造句得当而且书法充满秀逸之气。

他在临终之际还作了一首和歌：

朝露消逝如我身，
世事已成梦中梦。

唱完此歌，疲倦的秀吉安详地闭上双眼，平静地去了。

英雄从此长眠。

在结束精彩纷呈的一生之前，不知秀吉的脑海中在想些什么，也许在想："功成名就之后，在大阪城所度过的繁华愉悦的日子，有如梦中梦……"，也许在担心"德川家康会打倒丰臣家"。不论秀吉死前想到了什么，秀吉死的时候，态度安详而面带微笑。也许，秀吉临终时，身旁只有啜泣的妇女及幼童，反而不至于扰乱了他的安宁。总之，秀吉于1598 年的旧历八月十八日黎明，在伏见城内殿的一个房间里，安静地去世了。